由南京大学郑钢基金资助出版

折射集
prisma

照亮存在之遮蔽

De la misère symbolique
1. L'époque hyperindustrielle
Bernard Stiegler

当代激进思想家译丛
● 丛书主编 张一兵

象征的贫困1：超工业时代

[法]贝尔纳·斯蒂格勒 著　张新木 庞茂森 译

南京大学出版社

激进思想天空中不屈的天堂鸟

——写在"当代激进思想家译丛"出版之际

张一兵

传说中的天堂鸟有很多版本。辞书上能查到的天堂鸟是鸟也是一种花。据统计,全世界共有 40 余种天堂鸟花,在巴布亚新几内亚就有 30 多种。天堂鸟花是一种生有尖尖的利剑的美丽的花。但我更喜欢的传说,还是作为极乐鸟的天堂鸟,天堂鸟在阿拉伯古代传说中是不死之鸟,相传每隔五六百年就会自焚成灰,由灰中获得重生。在自己的内心里,我们在南京大学出版社新近推出的"当代激进思想家译丛"所引介的一批西方激进思想家,正是这种在布尔乔亚世界大获全胜的复杂情势下,仍然坚守在反抗话语生生灭灭不断重生中的学术天堂鸟。

2007 年,在我的邀请下,齐泽克第一次成功访问中国。应该说,这也是当代后马克思思潮中的重量级学者第一次在这块东方土地上登场。在南京大学访问的那些天里,除去他的四场学术报告,更多的时间就成了我们相互了解和沟通的过程。一天他突然很正经地对我说:"张教授,在欧洲的最重要的左翼学者中,你还应该关注阿甘本、巴迪欧和朗西埃,他们都是我很好的朋友。"说实话,那也是我第一次听到这些陌生的名字。虽然在 2000 年,我已经提出"后马克思思潮"这一概念,但还是局限于对国内来说已经比较热的鲍德里亚、德勒兹和后期德里达,当时,齐泽克也就是我最新指认的拉康式的后马克思批判理论的代表。正是由于齐泽克的推荐,促成了 2007 年南京大学出版社开始购买阿甘本、朗西埃和巴迪欧等人学术论著的版权,这也开辟了我们这一全新的"当代激进思想家译丛"。之所以没有使用"后马克思思潮"这一概念,而是转启"激进思想家"的学术指称,因之我后来开始关注的一些重要批判理论家并非与马克思的学说有过直接或间接的关联,甚至干脆就是否定马克思的,前者如法国的维利里奥、斯蒂格勒,后者如德国的斯洛特戴克等人。激进话语,可涵盖的内容和外延都更有弹性一些。这一新的研究领域已经开始成为国内西方左翼学术思潮研究新的构式前沿。为此,还真应该谢谢齐泽克。

那么,什么是今天的激进思潮呢?用阿甘本自己的指认,激进话语的本质是要做一个"同时代的人"。有趣的是,这个"同时代的人"与我们国内一些人刻意标举的"马克思是我们的同时代的人"的构境意向却正好相反。

"同时代就是不合时宜"(巴特语)。不合时宜,即绝不与当下的现实存在同流合污,这种同时代也就是与时代决裂。这表达了一切**激进话语**的本质。为此,阿甘本还专门援引尼采①在 1874 年出版的《不合时宜的沉思》一书。在这部作品中,尼采自指"这沉思本身就是不合时宜的",他在此书"第二沉思"的开头解释说,"因为它试图将这个时代引以为傲的东西,即这个时代的历史文化,理解为一种疾病、一种无能和一种缺陷,因为我相信,我们都被历史的热病消耗殆尽,我们至少应该意识到这一点"②。将一个时代当下引以为傲的东西视为一种病和缺陷,这需要何等有力的非凡透视感啊!依我之见,这可能也是当代所有激进思想的构序基因。顺着尼采的构境意向,阿甘本主张,一个真正激进的思想家必然会将自己置入一种与当下时代的"断裂和脱节之中"。正是通过这种与常识意识形态的断裂和时代错位,他们才会比其他人更能够感知**乡愁**和把握他们自己时代的本质。③ 我基本上同意阿甘本的观点。

阿甘本是我所指认的欧洲后马克思思潮中重要的一员大将。在我看来,阿甘本应该算得上近年来欧洲左翼知识

---

① 尼采(Friedrich Wilhelm Nietzsche, 1844—1900):德国著名哲学家。代表作为《悲剧的诞生》(1872)、《查拉图斯特拉如是说》(1883—1885)、《论道德的谱系》(1887)、《偶像的黄昏》(1889)等。
② Friedrich Nietzsche, "On the Uses and Abuses of History to Life", in *Untimely Meditations*, trans. R. J. Hollingdale, Cambridge: Cambridge University Press, 1997, p. 60.
③ [意]阿甘本:《裸体》,黄晓武译,河南大学出版社 2015 年版,第 7 页。

群体中哲学功底比较深厚、观念独特的原创性思想家之一。与巴迪欧基于数学、齐泽克受到拉康哲学的影响不同，阿甘本曾直接受业于海德格尔，因此铸就了良好的哲学存在论构境功底，加之他后来对本雅明、尼采和福柯等思想大家的深入研读，所以他的激进思想往往是以极为深刻的原创性哲学方法论构序思考为基础的。并且，与朗西埃等人1968年之后简单粗暴的"去马克思化"（杰姆逊语）不同，阿甘本并没有简单地否定马克思，反倒力图将马克思的批判精神与当下的时代精神结合起来，以生成对当代资本主义社会存在更为深刻的批判性透视。他关于"9·11"事件之后的美国"紧急状态"（国土安全法）和收容所现象的一些有分量的政治断言，是令西方资本主义国家政要为之恐慌的天机泄露。这也是我最喜欢他的地方。

朗西埃曾经是阿尔都塞的得意门生。1965年，当身为法国巴黎高师哲学教授的阿尔都塞领着整个西方马克思主义科学思潮向着法国科学认识论和语言结构主义迈进的时候，那个著名的《资本论》研究小组中，朗西埃就是重要成员之一。这一点，也与巴迪欧入世时的学徒身份相近。他们和巴里巴尔、马舍雷等人一样，都是阿尔都塞的名著《读〈资本论〉》（*Lire le Capital*，1965）一书的共同撰写者。应该说，朗西埃和巴迪欧二人是阿尔都塞后来最有"出息"的学生。然而，他们的显赫成功倒并非因为他们承袭了老师的道统衣钵，反倒是由于他们在1968年"五月风暴"中的反戈一击式的叛逆。其中,朗西埃是在现实革命运动中通过接触劳动者,以完全相反的感性现实回归远离了阿尔都塞。

法国的斯蒂格勒、维利里奥和德国的斯洛特戴克三人都算不上是后马克思思潮的人物,他们天生与马克思主义不亲,甚至在一定的意义上还抱有敌意(比如斯洛特戴克作为当今德国思想界的右翼知识分子,就是反对马克思主义的)。可是,在他们留下的学术论著中,我们不难看到阿甘本所说的那种绝不与自己的时代同流合污的姿态,对于布尔乔亚世界来说,都是"不合时宜的"激进话语。斯蒂格勒继承了自己老师德里达的血统,在技术哲学的实证维度上增加了极强的批判性透视;维利里奥对光速远程在场性的思考几乎就是对现代科学意识形态的宣战;而斯洛特戴克最近的球体学和对资本内爆的论述,也直接成为当代资产阶级全球化的批判者。

应当说,在当下这个物欲横流、尊严倒地,良知与责任在冷酷的功利谋算中碾落成泥的历史时际,我们向国内学界推介的这些激进思想家是一群真正值得我们尊敬的、严肃而有公共良知的知识分子。在当前这个物质已经极度富足丰裕的资本主义现实里,身处资本主义体制之中的他们依然坚执地秉持知识分子的高尚使命,努力透视眼前繁华世界中理直气壮的形式平等背后所深藏的无处控诉的不公和血泪,依然理想化地高举着抗拒全球化资本统治逻辑的大旗，发自肺腑地激情呐喊，振奋人心。无法否认，相对于对手的庞大势力而言，他们显得实在弱小，然而正如传说中美丽的天堂鸟一般，时时处处，他们总是那么不屈不挠。人类社会发展的历史已经明证，内心的理想是这个世界上最无法征服也是力量最大的东西，这种不屈不挠的思考和抗争，常常就是燎原之前照亮人心的点点星火。因此，有他们和我们共在，就有人类更美好的解放希望在！

献给让-弗朗索瓦·佩雷

黑夜里还有一个黑夜。

——乔·布思凯

    这样的冒险让某些人不以为然，因为他们这么想象，在人们品尝的快乐中，除去或多或少的稀有物或高级品，境况将保持不变。至于那唯一珍贵和卓越的不可估量的东西，冠以**诗歌**之名的东西，它总是被排斥在外。而它在书页之外的飞翔振翅，只不过是那匆忙或宽大的纸张的滑稽模仿，亦如我们手中报纸。评价一下如今这非凡的生产过剩，连新闻界都聪明地改弦易辙。然而具有某种决定性的东西正在占据优势，正在酝酿中……

——斯特芳·马拉美

目　录

序　言 …………………………………… 001

象征的贫困、情感的控制及其所构成的耻辱 ………… 003

似乎缺乏的是我们或如何从阿兰·雷乃的《法国香颂》
　　中寻找武器 …………………………… 024

蚁穴的寓意：超工业时代个体化的丧失 ………… 073

忒瑞西阿斯与时间之战：围绕贝特朗·波尼洛的一部
　　电影 …………………………………… 128

后　记 …………………………………… 148

序　言

　　本书是我对原始自恋的毁灭进行思考的继续。这种毁灭源于一种引流，即将消费者的力比多引向消费品。在《爱，自爱，互爱：从"9·11"到"4·21"》一书中，我已经就这一问题开启了思考。

　　我们时代的特征就是工业技术对象征控制的把持，其中的美学既是经济战争的武器，也是该战争的剧场。由此产生了一种贫困，其中的制约条件取代了人生经历。

　　这种贫困是一种耻辱，哲学家面临的这种耻辱，有时会感受为"一种哲学上最为强劲的动机之一，必然使得哲学成为一种政治哲学"①。"生为人的耻辱"②，如今首先由"控制社会"所生成的这种象征的贫困所引发。就这一点而言，这套两卷本的书至少是对吉尔·德勒兹《关于控制社会的附言》所做的评论。为了更好地理解导致当下时代特

---

① 参见吉尔·德勒兹的《谈判》，子夜出版社，1990年，第233页。我将在下文详细评说这一段落，见本书第39页。（见本书页边码，如无特别说明，本书中脚注均为作者原注。——译注）

② 吉尔·德勒兹，《谈判》，同上，第233页。

异性的历史趋势，本书试图草拟**普通器官学**（*organologie général*）和**美学系谱学**的概念。

第一章先引入这一想法，然后重读一篇最初刊登在晚报《世界报》上的文章，并就此展开论述。

第二章将展开讨论工业时代的物品，即电影和录音歌曲，以对阿兰·雷乃的电影《法国香颂》的分析为例。

第三章将深入讨论个体化丧失的问题，试图描绘出西方精神和集体个体化的一部小史。我们将采用西尔凡·奥鲁（Sylvain Auroux）提出的**语法化**概念。**语法化过程**是西方个体化和象征控制战争的典型做法，这场战争也以象征控制为最终目的。语法化过程经历了不同的时代，其中最后一个时代对应于数字化。数字化是控制社会的技术基础，其重大意义将借助"蚁穴的寓意"进行分析，推论出由网络承载的超共时化（hypersynchronisation）的趋势，把它看作**独特事物的独特化**（正如其反面一样），即看作历时和共时的解体。这一章是全书的核心。

第四章受贝特朗·波尼洛的电影《忒瑞西阿斯》的启发，力图说明电影为何在时间战争中占据着一种非常特殊的地位，正是这场战争导致了当代象征的贫困：电影既是工业技术又是艺术，它也是审美体验，能够在自己的地盘上对抗美学的制约条件。

后记将回到象征的贫困，从纯粹政治的角度重新审视这个三重性问题，即 2002 年 4 月 21 日的法国所面临的问题。冲突作为任一政治生活的动力，也是当今**友爱**的动因。

象征的贫困、情感的控制及其所构成的耻辱

没必要害怕或希望，只需去寻找新式武器。

——吉尔·德勒兹

美学与政治①

政治问题是一个美学问题，反之亦然：美学问题也是一个政治问题。我这里使用的**美学**一词将取其最宽泛的意义，其中 *aisthésis*② 是指感觉（sensation），那么美学问题便是感觉（sentir）问题，是普遍意义上的感觉性（sensibilité）问题。

我支持这种观点，即应当重新提出美学问题，还有它

---

① 这一段落发挥了 2003 年 10 月 10 日发表在《世界报》上的文章中的观点，该文章于 2003 年 10 月 11 日下午在法国文化台上转播。
② Aisthésis，希腊语，具有感觉、感受、感性和认识等意义。——译注

与政治问题的关系,从而引导艺术界从政治角度重新理解美学的作用。艺术界对政治思想的丢弃是一场灾难。

换之亦然,政治领域将美学问题丢给文化工业,让位于普遍的商业领域,这本身也是灾难性的。①

显然,我并不是想说艺术家应该"介入政治"。我是想说他们的工作应该**原始地介入他者的感觉性**的问题中。当然,政治问题主要是与他者的关系问题,处于某种共同的感觉中,从这个意义上来说是一种**同感**。政治的问题,就是要知道如何共同相处,共同生活,**整体地**相互包容,超越我们的独特性(比我们的"差异"更为深层),由此超越我们的利益冲突。政治是一门保障的艺术,保障城邦与其共同未来的**欲望**的统一性,保障它的个体化(in-dividuation),让其独特性成为独一无二。然而,这样一种欲望会假定一个共同的美学资产。共同相处就是一个**感性整体**的共同相处。因此,一个政治共同体就是一个感觉共同体。倘若不能一起热爱万事万物(风景、城市、物品、作品、语言等),就不能互爱。这便是亚里士多德的**友爱**(*philia*)之意。互爱,就是爱自身之外的全部事物。

"文化的"问题——本质上是由艺术构成的——比以往任何时候都更加处于经济、工业和政治的中心:**感性**共同

---

① 文化,在更为普遍的意义上,还有所有维度上的审美经验,其中包括艺术,它们都无法被消解在文化"例外"和文化"多样性"的不在场中。不得通过这种不在场,让审美经验沦为一种世界的**次范畴**,无论法律和国际协议的技术措施有多么合理和必要亦然。

体如今整个地被某种东西的**技术**编织着，这就是德勒兹所说的"控制社会"①。国际经济斗争的主要事件就在这条战线上展开。

雅克·朗西埃已经明确地指出，"政治性"是感性的东西，也就是说政治问题首先是个美学问题。② 但是他很奇怪地忽略了一点，即在工业时代，受市场营销大肆冲击的感觉性已经成了一场真正战争的赌注。这场战争的武器就是技术，其受害者将是个体或集体（"文化"）的独特性，结果发展为一种大规模的象征的贫困。

如今在控制社会这样的调制社会中③，美学武器已经变成主要武器（杰里米·里夫金称之为"文化资本主义"）：要领在于控制**感觉**的技术，如视听技术或数字技术。通过这种技术控制，达到**控制常驻身体和灵魂内的意识时间和无意识时间，通过流量的控制来调制**这些意识时间和生命时间。于是就发展出了一种终身价值④的概念（作为个体生命时间的**可计算的经济**价值，换言之，作为个体**内在**价值的去独特化和去个体化），终身价值则是市场营销最近炮制的一个概念。

---

① 见下文第 34 页。
② 雅克·朗西埃，《歧义》，伽利略出版社，1995 年；《感性的分享》，工场出版社，2000 年。
③ "封闭是靠**模具**，是清晰的压模，而控制是一种**调制**……"吉尔·德勒兹，《谈判》，同上，第 242 页。
④ 原文为英语，"life time value"。——译注

马奈①与传统决裂，造就了一个感觉的巅峰时刻，但这种感觉并不为所有人分享——于是自19世纪开始，发生了层出不穷的审美冲突。但是这些冲突，产生于社会大规模工业变革背景下的冲突，却编织出一个标示人类审美特征的**同感构建**（construction de la sympathie）进程，酝酿出一种改造世界、创建全新共同感受性的创造性，形成未来审美共同体里的**发问的我们**。这便是我们称为**审美经验**的东西，正如艺术所从事的那样——如同人们所谈论的科学经验那样：为了**发现感觉的异质性**，还有它**承载未来的变易**。然而我认为，此种意义上的美学抱负如今已经大范围坍塌。因为如今的绝大部分人都丧失了任何的审美**经验**，已经完全屈服，他们完全受制于**市场营销构成的美学制约条件**。对于大多数世界居民来说，市场营销已经取得了霸主地位——而另一部分仍在实验着的居民，正在为那些沦陷于这种制约条件的人们治丧。

恰恰在2002年4月21日②投票的第二天，这个问题可以说猛然跳到我的眼前。那天，我异常清醒地发觉，当时投票给让-玛丽·勒庞的人们，正是一些**我感觉不到**的人，似乎我们不能分享**任何**的共同审美经验。我发现这些男男

---

① 爱德华·马奈（Edouard Manet, 1832—1883），法国印象派画家，开创了印象主义画风。作品有《吹短笛的男孩》《草地上的午餐》等。——译注

② 时值法国总统选举第一轮投票，极右政党国民阵线候选人勒庞获得进入第二轮的资格，在法国政坛和民间引起极大的不安。——译注

女女，这些年轻人，他们**丝毫感觉**不到正在发生的事情，因此他们**不再感到自己属于**社会，他们被封闭在某个**区域**（商业的、工业的、各类"整治"的，甚至农村的区域等）里面，这个区域不再是一个**世界**，因为它在美学上已经与世界**脱离**。4月21日是一场政治美学的灾难。这些处于严重的象征贫困境况中的人们，他们**憎恨**现代社会的变易，现代社会的美学首当其冲——**当它不是工业美学时**。因为**美学制约条件**是构成区域封闭的**要害**，它取代审美经验，使之变成**不可能之物**。

必须知道，当代艺术、当代音乐、当代景观和景观的"间隙物"，以及当代文学、当代哲学和当代科学，都让这些区域形成的**少数族裔区**（*ghetto*）痛苦不堪。

这种贫困不仅仅波及贫穷的社会阶层，尤其是视听网络，像麻风病那样**到处**编织着这样的区域，实现了尼采所说的话："沙漠在扩大。"当然，不是所有的人都面临染病的危险：尽管大部分人都生活在毫无城市性的都市空间里，却有一小部分人还能享有名副其实的生活环境。

我们不应该认为新的贫困者是一群可恶的野蛮人。他们是消费社会的心脏。他们就是"文明"。但矛盾的是，这样一个文明的**心脏**竟变成了一个少数族裔区。然而，这个少数族裔区受到这个变易的羞辱和冒犯。而我们，富有教养的名人、学者、艺术家、哲学家，既有远见卓识又消息灵通，我们必须明白，社会的绝大多数人生活在羞辱和冒犯所制造的象征贫困之中。这就是市场的霸权统治所变成的**美学战争**带来的破坏。社会的绝大多数人生活在审美的灾区里,在那里,人们**无法**生活和互爱,因为他们在审美上是异化了的人。

我很了解这个世界:我就来自那里。我知道它承载着毋庸置疑的能量。只是这些能量一旦被弃之不顾,就会变成主要的毁灭能量。

23 20世纪确立了一种新的美学,**运行着个体的情感和美学维度**,使个体成为**消费者**。还有其他的运行:有的旨在制造信徒,有的制造权力仰慕者,还有的制造探索无限性的自由思想者,这种无限性就在世界和变易的感性相遇处回荡。

这么说远非谴责人类的工业技术命运。恰恰相反,这是要重新发明这一命运。为此,必须理解导致美学制约条件的境况。如果此种境况没能**克服**,它将导致消费本身的毁灭,导致普遍的厌恶。

我们至少要区分两种美学,一种是心理生理美学,它研究感觉器官;而另一种则是艺术史的美学,研究人造制品形式、象征和作品。心理生理美学似乎比较稳定,而人造制品的美学则随时间不断发生变化。然而感觉器官的稳定性不过是一种幻觉,因为器官要经历一个永无止境的运行和再运行的过程,这一过程恰恰与人造制品的演变紧密相连。

人类的美学史是三大组织之间的一系列连续不断的失

调，这些组织结构形成了人类的审美威力：他的身体和生理组织，他的人造组织（技术、物品、工具、器械、艺术品），以及从人造制品和身体的结合中产生的社会组织。

有必要设想一门普通器官学，用以研究人类审美的这三个维度的合成历史，以及它们所产生的张力、创造力和潜力。这便是我试图在此草拟的这一计划的预先考虑。

只有这样一种系谱学的路径，才能让人理解导致当代象征贫困的审美演变——当然，在这里我们必须希望和肯定一点，即一股新的力量大概还隐藏在某处，既隐藏在科学与技术带来的各种**可能的巨大开放**中，也隐藏于**痛苦本身的情感**中。

至于情感，20世纪究竟发生了什么事情？在1940年代，为了吸收谁都不需要的过剩物品，美国工业启动了市场营销技术（该技术早在1930年代就由弗洛伊德的一个外甥爱德华·巴尼设想出来），并在整个世纪内不断得到强化，投资的剩余价值建立在规模经济上，总是需要更加广阔的大众市场。为了获得这些大众市场，工业发展了一种特别求助于视听媒体的美学。这种美学根据工业发展的利益，通过重新运行个体的审美维度，促使个体采取消费行为。

这样就产生了象征的贫困，也是一种力比多和情感的贫困，它导致我所说的**原始自恋**（*narcisisme primordial*）[①] 的

[①] 尤其是在《爱，自爱，互爱：从"9·11"到"4·21"》中，伽利略出版社，2003年。

丧失：个体失去了他们对独特性和独特物品的审美依恋能力。

洛克在17世纪就有过预感：我通过与我发生关系的物品的独特性而显得独特。我就**是**我与物品的**关系**，因为我是**独特**的。然而与工业物品的关系，由于产品的逐步标准化，这关系如今被"轮廓化"和类别化，成为一些特别性（particularisme），这种特别性为市场营销营造出许多市场碎片，通过**将独特**（*le singulier*）**转变为特别**（*particulier*）——形成各种群体主义的温床。因为对**独特的特别化就是对独特的废除**，严格来说，就是商品拜物教①潮流对**独特的清算**。

另一方面，市场营销的视听技术还会导致这样的结果，通过我所见到的全部图像和所听到的声音，我所经历的往日渐渐趋向于变得跟我邻居的往日一样。而频道的多样化也是一种目标的特别化——正是出于这个原因，这些频道全部趋向于做同样的事情。我的往日越来越与别人的往日相差无几，因为组成我往日的东西，越来越多地是媒体向我意识中注入的图像和声音，还有这些图像引导我去消费

---

① 只有当**经济交换在其力比多背景下进行时**，才可能有"商品拜物教"。因此，马克思主义对这种拜物教的"揭露"其实是一个诱饵：成为崇拜物才是商品的本质。如果没有投影**幻象**的这个世界，**任何物品**都不属于这个世界的内部。但是对力比多式获取的批评，即将商品崇拜视作摧毁力比多的霸权，这可不是诱饵：这甚至是首要的政治需求。

该注释是对让-吕克·南希2003年12月17日在声学音乐协调研究所做的演讲做出的回应，以便为瑟里西研讨会上展开讨论做准备，该研讨会由我和乔治·柯林斯主办，从2004年5月26日至6月2日，名称为"感性的组织"。

的物品以及我与图像的关系，我的往日便丢失了独特性（singularité），也就是说，我作为独特性正在**自我丢失**。

从我不再具有独特性之时起，我便不再自爱：若要爱上自己，人们必须私下里知道他有自己的独特性。这就是为什么"共同体最初是由自我与自我之间的私密性构成的"①。至于艺术，它是这种感性独特性的**经验**和**支撑**，邀请人们参与象征活动，在集体时间中生产踪迹，与踪迹相遇。

因此美学问题、政治问题和工业问题，最终成了一个问题。

消费时代的象征：一个世界性大贫困

人化过程，即通过生命之外的其他手段继续生命，它是一种共同生命形式的出现，其中**角色**的**分配**不再取决于遗传，而是归咎于**命运**——**存在**的命运及其**谱系**，也就是说取决于过去对其产生**作用**的东西——命运在人类历史中构成，而人作为种类也不再是一个简单的物种：人化是个体和独特的**经验的功能性外化**，并且同时传递给那些成为继承者的人们，即后代。

---

① 让·洛克斯卢瓦，《以友谊之名》，《友谊性》的后记（该书是亚里士多德《尼各马可伦理学》第8卷和第9卷的译文），适时出版社，2002年，第85页。

我在这里所说的既有凿刻燧石的石匠动作的独特性，随后还有壁画家作画动作的独特性：这种存在（*ex-sistere*，即站在自身之外）的独特性，正是技术人造制品所保存和传递下来的东西，既包括绘画也包括打磨过的工具，尽管这些制品的形式多样，却都首先是记忆的载体，至少是严格意义上的记忆技术（*mnémo-techniques*）（我在下文还会谈到这个主题，这曾经也是尼采的主题）。

然而自人化的黎明起，由社会构成的集体个体化（*individuation collective*）似乎假定了一种**参与**，即所有人都参与对**单个**的生产，亦即对整体的生产，作为一种必需的幻象和虚构，安装上一个假定的统一性的剧场，即人们所说的"社会"——总是通过某个社会**维度**的间接方法，比如语言、宗教、家庭结构、生产方式等，这就是人们所说的结构或体系，或装置等，它们总是假定一种承载命运的**原始外化**（*extériorisation originaire*）。

这些将**单个**组成为整体幻象的方法，这些**维度**，就意味着**这个**固有的社会并不存在，因此共同体也就不存在，这个社会只不过是一系列装置或体系的整合，当然这种整合本身，为了组成**单个**，必须带有一种民族语的独特性，换言之它既是独特的，也是共同的。

这些整合将由某种东西来承载，我称之为后种系生成（*épiphylogénétique*），或第三持存（*rétention tertiaire*），也就是说通过知识和权力在物品和装置上的**凝结**来承载，物品和装置则被当作遗留给人类的**世界事物**。在这个意义上，它们将包含一种记忆技术的维度，即使它们还没有达到真正意义上的记忆技术亦然。好比我曾经使用过的泥刀或粪叉，它们并没有记忆功能，然而它们承载着一种动作和功能的记忆，这些动作和功能自动把它们投影到充当世界事物的所有事物的记忆技术层上。

至于**真正的记忆技术**，它们出现于新石器时代之后，并且立刻成为政权的整合装置。然而自希腊建立城邦以来，还有后来的基督教会，这些我所说的**持存**装置，在当时却把持在僧侣（法官和神父，政治家与教士）手中，由他们订立选择标准（经典法规、用语选择、举止规范、确定善举、端正的习俗与程序等），这些装置被设想为个体化的进程，假定由多个人去**参与**单个的**生产**，当然仍处于僧侣的权威之下。

不过到了19世纪，记忆**技术工程**（mnémotechnologies）首次亮相：技术工程不再是简单的技术，而是工业产品和各类机器，它们开启了一个视听的时代（摄影术与留声术、电影和广播电视）。然后到20世纪是计算技术工程（继承了霍尔瑞斯的数据处理），结果使得记忆技术工程成为**十足的工业生活支柱**，而且完全服从于劳动的全球性机械分工的迫切需求，服从于财富与角色分配的迫切需求——更不必说借助普及的数码技术，信息技术工程和通信技术工程得以融为一体，这一语境如今被称为"文化资本主义"或者"认知资本主义"。

但是在工业革命重新划分的社会角色中,出现了一个**直至当时还完全不为人知**的迫切需求:让工业产品**流动**的必要性。这些产品先是出自热力学机器,然后是电力机器,继而是电子机械,而且数量越来越大,种类越来越多,尽管它们同时也要标准化,但**多样化就这般改变了本质**。

这个流动的角色自然就交给了市场营销。从19世纪起,市场营销就夺取了记忆技术工程(尽管它直到20世纪才被真正定义为目前这样的概念),以确保系统的**运作**,也就说保障构成它的**能量**一直在**加速流通**(熵方式的流通:这正是问题所在)。

但是在这里,能量不再是参与所包含的象征性**流通**,这种流通建立了象征(sym-bole),希腊语为 *sum-bolon*,意为分享,即感性的分享,也是认知和精神的分享(所谓"精神的",是指如同精神,**通过重复的方式不断返回、变化和持续**):在对**情感和它所寄居与消费情感的身体进行控制**的控制社会中,**能量的功能性流动**是组织产品流动的结果,也是对创新带来的层出不穷的新品进行采纳的组织。这种采纳被称为现代性,它会酝酿一种象征**参与的丧失**,这也是一种**象征和情感的堵塞**,亦即"蚁穴的寓意",这是一种结构性的个体化丧失,我会在第三章中再谈这个问题,这也是我在《爱,自爱,互爱:从"9·11"到"4·21"》一书中开始分析的问题。这般毁灭的东西,换言之那个欲望的循环，我还将在《象征的贫困2》①中再次谈及。这般毁灭的东西，换言之就是**欲望本身**，它只能是一个循环，一种**赠予**的循环。由此产生了一种普遍的溃败之感，如今统治着四面八方——解放出死亡冲动的这些成果，还有这些成果给予的奇特乐趣，即憎恨自己和憎恨他人，继而过渡到谋杀行为。这种情形在格斯·范·桑特的电影《大象》（2003年）中展现得淋漓尽致。

市场营销与福特主义出现在同一时代，这时的问题就不再仅仅是对生产者的再生产（劳动力的再生产、他们所需的能量的再生产、原材料的再生产等——马克思所考虑到的一切），而是要对消费者的需求进行制造、再生产、多样化和碎片化。

生存的能量（生产者和消费者的生存），即确保系统运作的能量，那都是欲望——**力比多**——的产物，一方面是生产者的欲望，另一方面是消费者的欲望。劳动和消费一样，都是**经过截取和引流的力比多**。劳动通常是对现实的升华，也是现实的原理——当然也包括艺术性劳动。但是无产阶级的劳动，或者更普遍意义上的工业化劳动，就丝毫不具有艺术性，甚至都算不上手工艺：情况恰恰相反。而对于被截取了力比多的消费者来说，他们越来越少地体会到消费的快乐：在不断重复的强迫下，消费者正在**溃散**，

---

① 《象征的贫困2：感性的灾难》，伽利略出版社，待出版（2004年）。

时而饥不择食，时而倒胃厌食，这成了两大奇怪的病例（在另一个场景里，在希特勒时代，即那个既反常又工业老化的时代，这就像君特·格拉斯的《铁皮鼓》中吐出的鳗鱼）——当下开启关于肥胖症的讨论并非巧合。肥胖症是对身体、激情、沮丧和冲动进行开发的破坏性后果①。

事情就是这样，因为视听和信息记忆工程的工业化，美学工业的战争成为可能，并且成为市场营销的武器库，这不可避免地会导致劳动和劳动外角色的**工业**分工，例如与"产品"的关系，这里可以说是与象征物的关系，无论这种象征是认知的还是美学的，都会导致这些象征物的"生产者"和"消费者"之间的**对立**——而这种对立将**扼杀**他们的欲望。

也正是这样，文化、信息或认知的资本主义会催生令人十分担忧的工业生态问题②：人类的心理能力、知识能力、情感能力和美学能力都遭受到巨大的威胁，这恰恰是在人类团体的行动威力拥有前所未有的摧毁手段之时。象征物的工业化生产所导致的生态危机，形成了世界性象征大贫困的时代，它同样影响到（尽管方式不同）北方和南方，而如今还必须**甄别**出远东。

---

① 有关类似话题，查阅政府网站 www.jesuismanipule.com 将发现有趣和奇怪的信息。
② 参见贝尔纳·斯蒂格勒，《捕捉傻瓜的时代：精神生态学宣言》，《艺术学刊》增刊，《万物互联》，1999年11月。另参见《技术与时间3：电影的时间与存在之痛的问题》，伽利略出版社，2001年。

所谓**象征的贫困**，是指**个体化的丧失**，这种丧失源自**象征物生产**中**参与的丧失**。① 这些象征物既包括知识活动的产物（概念、思想、定理、知识），也包括感性生活的产物（艺术、技能、风俗）。我认为，个体化普遍丧失的现状，只能导致一种**象征的崩塌**，也就是说**欲望**的崩塌——换言之，将导致真正的社会的解体：全面的战争。

情感的控制与战争

必须"寻找新的武器"，德勒兹在 1990 年如是写道，那时他正在构思**控制社会**这个概念。借助这一概念，他想定义与当今时代俱来的东西②，我将这个时代称为（在第三章）**超工业**时代（而非"后现代"，大家将看到为什么）。

武器的问题是**一般意义上的技术**问题。技术问题，当它**作为问题**被提出时，作为一个**我们**的命运问题被提出时，也就是说当它以 tekhnè 的名义被提出时，那也是做事和技能的问题，是艺术和作品的问题，因此也是**作为虚构**的感性问题，这个技术问题开启了政治的问题，即试图平息一场战斗，而这场战斗在通常生活中就是一场"为生而战的

---

① 关于"参与丧失"，见下文所述，同时可参见《爱，自爱，互爱：从"9·11"到"4·21"》，第 43 页。关于"工人的个体化丧失"，参见《技术与时代 1：爱比米修斯的过失》，伽利略出版社，1994 年，第 1 章。
② 吉尔·德勒兹，《谈判》，同上，第 242 页。

斗争"，而在技术生活的历史中，姑且算是"人类史"，它则是凡人与自身的一场战争。①

事实上，这是因为人类受到命运的威胁，即人类原初的"义肢性"（prothéticité）强加的命运，用今天的话说就是他们"幼态持续"（néoténie）的宿命，引导他们相互进行战争，所以宙斯才派赫尔墨斯下凡，把律法知识传授给凡间的技术人员。这个信息交由秘密之神、谜语之神和阐释之神来传送，并且他将自己的名字赐予"阐释学"②，这意味着这种知识既是一种非知识（non-savoir），也是一种永远开放的阐释，是对这个变异中的非知识的阐释，并且这种知识**构成**律法。这就是我在《爱比米修斯的过失》③中试图提出的问题。

因此只有在以阐释为条件之时，换言之以辨别，亦即krinein，即"判断"为条件之时，技术所承载的战争——因为技术永远都是武器——才可能转化为这种意义上的**和平的政治斗争**，也就说处于某个法律的空间内，这也是这个**我们**的法律。

我在《迷失方向》④中曾经考察得更为仔细，构成这样一个我们的条件，即**向我们发问**的这个**我们**，也就是说

---

① 柏拉图，《普罗塔哥拉》，332a—322e。
② 赫尔墨斯，希腊神话中的贸易之神，也是众神的使者。法文为 Hermès，法语中"阐释学"为 herméneutique，词形相近，系其派生词，故称"将自己的名字赐予'阐释学'"。——译注
③ 贝尔纳·斯蒂格勒，《技术与时间1：爱比米修斯的过失》，同上。
④ 贝尔纳·斯蒂格勒，《技术与时间2：迷失方向》，伽利略出版社，1996年。

政治上开放的这个**我们**，它的构成条件为何存在于一门特殊的技术中，处在一个值得专门研究的武器库中：记忆技术①让律法得以成书，逐字逐句建立成文，打开这个我们的公共空间，作为 res publica② 的我们。赫尔墨斯就是掌管这个武器库的神灵，我当时称它为这个**我们**的记忆的文字综合，它是一种持存装置（《电影的时间与存在之痛问题》③ 中所展现的意义）的案例。

政治绥靖一旦失败，战争就会爆发——政治绥靖无论如何还是一个**集市**（agora），是某种斗争、某种角逐、某种辩论的场所，是一门争夺的艺术。和平时期与战争时期都一样，polemos，其平民和治安的版本叫 éris④，它是所有事物的法则：变易的法则。

今天我们正处在战争之中，我们大家都能感觉到，正处于**坠落**的边缘，即将**跌落**到政治之外。我们已经处于一种新型战争的**跌落**之中，在那里，我们大家都有理由感到愧为人类的耻辱。这场独一无二的战争，情感占据核心的战争，其形式千变万化、闻所未闻。一场战争可以是国内战争、种族战争、宗教战争或者国际战争，但绝不会是政

---

① "'这种动物人的记忆是怎么出现的？怎样在这种半愚钝半轻率的片刻智力上打上某种东西的烙印？而且这种烙印足够清晰，使得思想能够保留至今'……也许还有……在人的整个史前时期，没有比人的记忆技术更可怕、更令人担忧的东西了。"弗里德里希·尼采，《论道德的谱系》，第 2 章，第 3 节。

② res publica，拉丁语，意为"公众的事务"，即"共和"。——译注

③ 贝尔纳·斯蒂格勒，《技术与时间 3：电影的时间与存在之痛的问题》，同上。

④ polemos，希腊语，意为"战争"；éris，希腊语，意为"争执"。——译注

治的战争：政治不是战争，恰恰是通过对这个**我们**的法律肯定而避免战争，而这个我们本身总是处于争议之中。于是，亚里士多德便说，这样一种肯定不能仅仅停留于司法层面。它还假定一种**友爱**，一种关于**我们**的情感，即**制造我们**的情感。我还要加上一句，应再假定另外两个情感：不公正之物的情感——*dikè*（正义）首先显示为缺少正义，是正义的缺乏①——和廉耻的情感，荣誉或耻辱的情感，正如人们谈到 *aïdos*（耻辱）所说的那样，然而我更喜欢翻译成 *vergogne*（羞耻）。

这般的**情感**是一门称作**同感**的美学所支持的东西，而同感是任一**友爱**的条件。

然而，这正是**美学器官学的症结所在**，政治也一样。羞耻和不公正（事物的"不公正"，希腊语为 *tès adikias*，我们所知的阿那克西曼德的唯一的"言语"）的情感，在正义感缺省的地方，正好说明了一点，即**友爱**是充当义肢性的那个**我们**的经验，是来自本源的原始**缺乏**，也就是说**一种不可异化、坚不可摧的连接的缺乏**。这里连接政治的**我们**的东西，就是其**脆弱性**的知识——**非知识**，而非知识则是耻辱的条件，也就是我们说的羞耻。而这种脆弱性就是那些生于义肢性和技术的人们的奖品，充当着爱比米修斯的过失强加给他们的命运，外加普罗米修斯的过错，即

---

① 赫拉克利特，《残篇》23："如果不存在（非正义），他们就不知道正义的这个名词。"

盗火之举。人类是求助于代理方法和义肢命运的盗贼。

这种义肢命运到了 20 世纪并未存活下来，若是阅读《文明及其不满》过快就会认为是这样，但这个命运还是组成了本源的原始缺乏，其中包括针对父亲的**原始谋杀**，而凶器可以是任一技术。第一种技术就是刀子，即《图腾与禁忌》里的刀子，亦如祭献以撒的刀子。可是弗洛伊德恰恰不知道也没有想过这一点。

然而羞耻，或是耻辱，这种强迫人们好客并接待恳求者的耻辱，还有像文化（Kultur）中的不满，或者我称为**生存之痛**的耻辱，它也伤害到人类的**我们**①的自恋性傲慢。只是这种羞耻从来都转向自身的那个**我们**的耻辱，更像是这个**我们**的耻辱：这个我们能够流亡却又不逃逸，能够超越到**远方**或某个外界的**过剩**处，成为一种撕裂（例如"撕裂的眩晕"），这也是一种开放，面向人们说的普遍——to catholou——的开放。

可是，一旦被去领地化，这也是撕裂的**事实**，这个**我们**如今会自我封闭，像一个球体的令人难堪的虚荣，正如那个**我们**的**普遍问题的变化**，因缺乏友爱②而正在解体。在控制社会中，羞耻（还有它预设的自恋）实际上又是怎

---

① 可能性是一直处于变化中的人类具有可塑性的条件。可参见例如柏拉图的《卡尔米德篇》。但这也是怨恨的源泉。

② 但是，在**友爱**的缺乏中必须找到一件武器。"友谊性一词在这里成为不可想象的名词，希腊语里的**友爱**一词大概会保留这层意思，即或是与自身关系的秘密，或是与世界关系的秘密，世界就位于词语的意义缺乏之上：科斯塔斯·阿克塞洛斯曾说，在'裂缝的某处。'"让·洛克斯卢瓦，《友谊性》，同上文，第 86 页。

样的呢？

39　　　愧为人类的耻辱，我们有时会在一些简单得微不足道的情况下感受到：在思想的过分庸俗面前，在一档综艺节目面前，在一位部长的讲话面前，在"乐天派"的谈笑面前。这是哲学中最具威力的主题之一，势必会形成一种政治的哲学。在资本主义制度下，只有一样普世的东西，那就是市场。没有普世的国家，恰恰是因为普世市场以国家为家园和交易所。可是市场并不进行普世化，也不进行同质化，它从事的是财富和贫困的神奇制造。人权虽然积极地参与资本主义，可并未让我们体会到资本主义"欢乐"的恩惠。在人类贫困的制造中，没有哪个民主国家不妥协到心脏。耻辱，就是我们没有任何可靠的保存手段，更不要说**消除变易，包括消除我们自身的变易。**①

因为今天让我们放弃任何羞耻的战争，是经济战争，而这种经济是对欲望和情感的异化，那儿所动用的武器库交由市场营销去指挥：

市场营销现在成了控制社会的工具。②

---

① 同上，第233页。(强调为我所加。)
② 同上，第245页。

作为国际斗争的空间，经济已经成为一场没有规则的战争，其中平民和军人没有区别，随时都可能作废的**合同**取代了**法律**，强取豪夺比比皆是。而武器在本质上也发生了演变，使得这场战争成为**本质上的美学**战争——它非但不阻止军事战争、宗教战争、种族战争或者国际战争，还显然在准备这些战争，并且随时宣战。

这场美学战争，它也是而且首先是一场时间之战，这是德勒兹所称的控制社会的核心。控制社会首先被设计为**情感**（即时间和自发亲情）**的控制**。

似乎缺乏的是我们①或如何从阿兰·雷乃的《法国香颂》中寻找武器

存在之痛与尊重

我想向大家展示一部电影，或者说我对这部电影的看法。我认为这部电影绝无仅有地上演了我们这个时代的存在之痛。这是阿兰·雷乃的一部作品——《法国香颂》②。我觉得应该向大家展示一点，这部作品展现的存在之痛主要与文化工业、电影、电视和歌曲相关。在谈及这些问题本身之前，我想引用今天早上（2002年5月2日）我坐火

---

① 本章收录的是2002年5月2日在里昂讲座的文稿。此次应萨尔基斯的邀请参加名称为"世界难以解读，我的心却好读"的展览，该展由蒂埃里·哈斯拜伊在里昂现代艺术博物馆举办，时间从2002年2月2日至5月27日。该文的第一版发表在此次展览的目录中。
② 《法国香颂》，法文名为 On connaît la chanson，由阿兰·雷乃导演的法国歌舞喜剧影片，别名有《老调重弹》《老歌大家唱》《人人都爱唱老歌》等。"香颂"即法语中"歌曲"（chanson）一词的音译，本书中"chanson"一词除在电影名中保留"香颂"的叫法，其他情况下仍译作"歌曲"。——译注

车从巴黎来里昂时，在《解放报》上读到的一篇文章。你们大概会猜到，这篇文章评论了法国的时政。正如这段时间的许多文章一样，它试图分析法国在4月21日投票给国民阵线的那些人的动机。对象是贝桑村的居民，是埃罗省的一个村庄。这是展览的礼宾做法，也是一种装置，媒体必须在场。只要你们坐下或躺下来看看报纸，就会看到和体验到这一点。今天早上我读到了其中一页报纸，并就它做一评论。

《解放报》的一名记者询问了贝桑的一位居民贝尔纳，他是一家学校食堂的兼职员工，并有定期合同。记者让他做了自我介绍，并让他解释为什么把选票投给了国民阵线。贝尔纳这么回答：

……首先我要强调，国民阵线"既不是右派的人，也不是极右派的人"，它"甚至更像是左派与和平主义者"，但它不再接受这个社会。"这段时间**情况很糟糕**，不能这样下去了。这里没有安全感，包括在工作中也不安全。我赞成欧盟，可是欧盟没有为渔业和葡萄种植业做任何事情。在佩泽纳，警察遭到枪击；在贝桑，市长受到袭击；在巴黎，他们（我们不知道他确切指谁——但我们又知道他说的是谁）嘘吹马赛曲口哨，而这里的调皮鬼们骑到玛丽安娜的雕像上，再也没有尊重，什么也没有。"

"再没有尊重，什么也没有。"我尝试着和你们谈谈**这件事**。换言之，我要说的正是法国时政的中心问题。我认为，**无论我们是否投票给国民阵线**，如今向**我们每个人提出的问题**，就是一种巨大的方向迷失，一种巨大的恐慌，一种**强烈的生存之痛**——正是我刚才向你们介绍的电影中展现出来的生存之痛。

美学与不安全

我想将话题确定在生存之痛上并且分析它，将各式各样确切或实际的原因暂且搁在一边，当然也不用否认这些原因——有上千种不同的原因导致人们给国民阵线投票，如我们所说的不安全，它并不是个纯粹的幻象。法国当然有不安全问题，而且全世界都有：例如在伊拉克就有不安全问题，在阿富汗有不安全问题，在巴勒斯坦和以色列有不安全问题，在巴黎、里昂和贝桑也有不安全问题。

然而这些问题，尤其是在法国，最终导致把票投给国民阵线，是因为**社会化的美学装置**变得很脆弱。社会化让男人们和女人们生活在一起，而且**能够**生活在一起，换句话说可以一起感受，分享一种感性，而且能称得上"**我们**"——而这个**我们**有时可以指全体的人类，即使在普通情况下，这个**我们**指示的仅仅是这个总体的**一部分**，却同时又总是指超出的部分，总是以某种方式指称这个整体，即使以上帝的名义亦然——还因为**这个美学装置，还有只有它能生成的这个我们的情感，都变得极其脆弱，差点就被彻底消灭。**

它们进入消亡的进程将从**美学变成工业系统开发的对象**那一刻起，根据葛兰西使用该词时的意义，工业系统开发有其专属的扩展目的，就是要**扩展消费市场**，最终会将感觉的身体、感性的身体和欲望的身体转变成消费的身体，**我打赌这个消费身体的欲望将被引向破产**——这是通过其绝对的系统开发，通过文化工业和市场营销，还有参加法国总统选举的可怜候选人所相信的东西进行的开发——他当然并不进行我所提议的分析，他以为可以称这东西为"市场社会"。

这种对感觉性的系统开发将导致身体和心灵的破产，而投票给国民阵线不过是个症状——众多症状之一，看似不太明显，表面上看也不太可怕。换言之，我们面临着我所称的精神的工业生态学①所产生的巨大问题。

19世纪见证了大工业的诞生，系统地开发自然资源以发展一种物质消费品工业。20世纪是好莱坞、大众媒体、人工智能和信息工业的世纪——这也是**一种将意识和精神当作"原材料"的工业发展的世纪。**消费者首先是个意识，

---

① 参见贝尔纳·斯蒂格勒，《捕捉傻瓜的时代：精神生态学宣言》，上文引文。另见《技术与时间3：电影的时间与存在之痛的问题》，上文引文。

而这个意识是"精神的",它由**一种精神**(一种文化、一个时代)和**一批智者**(先辈、祖先、痕迹)构成。为了能够卖掉福特轿车或者克莱斯勒轿车,可口可乐或者怡泉苏打水,苹果或者 IBM 计算机,法国电信或者美国在线服务,成衣、鞋子和牙膏,土耳其、科西嘉或普瓦图-夏朗德的旅行,就必须面向意识发话:这些意识就是市场,就是这些市场的**原生动力**——因为意识就是身体,是身体就有欲望。

如今,意识大多已经成为"原材料",能够通向消费市场。意识还能制约消费着的身体行为,它(以及它所沐浴的精神)就形成了一个**元市场**(*méta-marché*),一个**通向所有其他市场的市场**,无论是什么市场,因此也包括金融市场。意识和精神已经成为全球性系统开发的对象,并由世界性团体引导进行,它们掌控着诸如电影、广播、电视等工业——通过此举制作工业**歌曲**,即由文化工业**录制**、生产和发行的歌曲。

这就是我应萨尔基斯的邀请,想要对你们说的话。

关于工业时间客体的提醒

我们正生活在一个我称为工业时间客体(objets temporels industriels)的时代。我在其他文章中已经谈过这个概念,可我并不认为重新审视这一概念会毫无裨益。这样既能让听众或读者舒畅,也能带来一个已知主题的变奏——这里的变奏当然是指**歌曲**。

一个时间客体由它的流动时间构成——例如一段音乐旋律,一部电影的拷贝,一段广播播音等。从胡塞尔的意义上来说,一个客体是时间性的,因为它由其流动**构成**,在流动中消逝,它与别的客体不同,例如一段粉笔则相反,它由其稳定性构成,因为它不会流动。

一个时间客体,如一段旋律,只能一边出现一边消失:它是一个消逝的客体,在这个意义上,它是一种与经过相关的标记关系,也就是说与过去问题相关的标记关系,我们将会看到这一点。一部影片也是一边出现一边消失,而且有其消失的**方式**:这种消失并不千篇一律。根据时间客体和生成时间客体的客体的不同,消失方式将标记出其风格。

时间客体对于研究意识的人来说非常有趣,因为在这个意义上意识也是时间性的。例如电影这个时间客体,它与正在听我说话①的你们具有同样的结构,因为你们是一些意识:你们自己此时此刻,**你们正在自我流动**,也就是说正在**消失**,以便自己**能够出现**——每人以不同的方式,每个人都处于和自己过去相关的独特关系中,包括自身的经过,也即自己的未来。

---

① 这对阅读的人来说并不适用:与沃尔夫冈·伊瑟尔所认为的相反,一个文本不是一个时间性客体,它的展开由读者指挥;听众的情况则不是这样。

你们有一个开端,这被称为你们的出生。你们也会有一个终结:这将是你们的死亡。在出生和死亡之间,**你们一边等待着自己的死亡,一边继续着自己的出生**,这个过程也被称作学习的过程,你们在流动,你们在经历:你们在 15 点整至 15 点 15 分之间到达这里,你们将和我度过一段时光——半小时,一小时,三小时——然后就此结束。你们将进入别的事情。已经发生的事,绝不会再次发生,它已经永远地过去了,**你们永远不能重新后退**。

我 50 岁了,我不能再来个 20 岁。你们也一样。**我们一起都是有时间性的:这就是我们的联系**。无疑也是唯一的联系。但它是一个非常强大的联系。也是**非常感性**的联系。然而我将向你们证明,**这个联系已经受到严重的威胁**。

至于我手中的麦克风,它也在逐步损坏。如果你们一百年后再看到它,它很可能已经锈迹斑斑,破旧散架:它受制于物理学家们所说的熵定律——它注定要消散,总有一天它会化作尘土。但是这个麦克风在出现时是稳固的:我现在之所以能使用它,就是因为它是稳固的。假如在我开始和结束使用麦克风的这个过程中,麦克风的结构发生了变化,那么将会出现非常严重的问题,我们会说这个麦克风不能运转了,因为我确实无法使用它了。这就是达利在他的一些画作中证明的问题,那些时钟正在液化。

时间客体与这个麦克风可不同(和那些时钟也不同,时钟提出了特殊的问题),时间客体由如下事实构成,**如同**

我们的意识一样，它在流动着，而且一边出现一边消失。

在电影院

如今在 21 世纪开端，工业活动的相当一大部分在于生产时间客体，其特点就是一边出现一边消失，即有的时候**时间客体的流动时间对应于您意识的流动时间**。当您观看一部电影或者电视节目时，当您收听广播节目或者一首歌曲时，您所看到的时间客体的流动时间，即您的意识把它当作客体的流动时间，这个时间随着您与之交织的意识时间的流动而流动。

您的意识时间的流动与时间客体的流动之间的对应，**这使得您的意识去接纳相关时间客体的时间**。

假设您在电影院正观看一部悬念影片。您在电影开始的时候到达，这时您的一颗牙齿发痛；您在到达时**感觉到**这颗牙在痛——然后，随着您逐步进入电影，您**忘记了**您的牙齿。或者假设您在一家座位很差的电影院，您坐在一张扶手椅上，椅子的弹簧扎得您屁股痛，但随着电影的进展，您进入电影之中，**贴合并且接纳了它的流动时间**，这时您既不再想您的屁股，也不再想您的牙齿，您**不再是**坐在扶手椅上，而您的牙齿也不再在您的嘴巴里面，或者可以说您不再在您的身体里：您在**银幕中**。您在银幕中是因为您已经接纳了电影的时间。

正是时间客体的这个结构，使得当代文化工业能够让您同时接纳牙膏、苏打水、鞋子、汽车等物品的消费时间。今天的文化工业就这样获得几乎独份的资助。这个世界性的图像工业提出了我前面说的意识和精神的工业生态问题，而这些问题最终会生成极其尖锐和极其严重的情境，最终导致任一**友爱**所假定的**原始自恋**的破产。

意识主要是一种**自我**意识，即能够说**我**的意识——**我**不是任何其他人的等价物，我是一个独特体，也就是说**我给自己赋予我自己的时间**。如果说您在这个时刻正在听我讲话，那是因为您从我这里有所期待，期待您所没有的东西：您从我的意识中期待某样东西，因为我的意识与您的**意识没有被共时化**。然而文化工业，特别是电视，它却构成了一个巨大的共时化（synchronisation）机器。当人们收看着电视上的同一事件时，在同一时刻，而且是直播，数千万观众甚至数亿观众一起，那么整个世界的意识都在同一时刻内化，接纳和体验着同样的时间客体。当这些意识每天重复同样的视听消费行为，在同一时间收看同样的电视节目，并且以极其规律的方式进行，因为一切都是为此设计的时，那么这些"意识"最终会成为同一个人的意识，即**没有人**的意识。这个没有人选取尤利西斯遇见独眼巨人的意思。独眼巨人只有一只眼睛：他没有景深，没有立体视角，对他而言一切都是扁平的——他**既没有场域深度，**

也没有时间深度。这个看不到**任何人**的独眼巨人,就是我们存在之痛的形象。①

歌曲

大约在 1996 年末,作曲家弗朗索瓦·贝勒向我提议,为法国国家视听研究院音乐研究所做一次讲座,他当时是该所的主任(我自己当时是国立视听研究院的院长)。《迷失方向》刚出版不久,有关工业客体,我不打算简单地重复我在那本书中写到的东西,因此我决定以这句挑衅的甚至丑闻般的话开始我的论述。

20 世纪最重要的音乐事件将是录制的歌曲。

这是让我能够吸引听众注意力的修辞,即我自认为借此能给听众施加意外的效果,但这并不是我讲话的主要意图。我坚定地提出并且今天依然保留这一观点,至少是在一些方面,20 世纪的主要音乐事实是这样的,有**大堆大堆的耳朵**突然开始听音乐——接连不断,常常是些老调重弹

---

① 关于这一点,参见《爱,自爱,互爱:从"9·11"到"4·21"》,同上,第 1 部分;《技术与时间 3:电影的时间与存在之痛的问题》,同上,第 1 章;《技术与时间 2:迷失方向》,同上,第 4 章。

的标准化歌曲，其中绝大部分是"轻"音乐，它们被大量生产和复制，最后被称为"流行歌曲"，而且赚了很多的钱。这些歌曲甚至被奉为高贵之物，常常每天有好几个小时都与全世界的意识交织，生产出**日常总数达到几十亿小时的"音乐化"意识**——而在前几个世纪，接触音乐时间客体通常是很难得和稀有的事情，只有在宗教仪式或节日庆典时，而且只是富人们晚上或夜间的特权。①

音乐的 20 世纪是独特的，甚至是奇怪的，表现在许多方面。但是我认为，尤其是并且首先是在这个角度表现得独特，即人们认为音乐始于耳朵，也就是说始于收听。②因为当新音乐的早期作品谱成时，诞生于 20 世纪初的**新收听**——借助**音乐时间客体的模拟录制**已经成为可能的新收听，它也成为**本世纪的耳朵所发生的一次深刻转变**——首先就包括音乐家自身的变化，我们将永远无法足够地估量真正**闻所未闻**的新作（我们将永远无法估量它，我们**一直在经历**可复制的时间客体——就像一位重获光明的失明者，我们**绝不会只看**一次；因为即使是重获光明的失明者，或者恢复听力的失聪者，在能够看见和听见之前，他们所遭

---

① 尽管演奏音乐和参加音乐表演（情况相反）要比今天更加普遍。
② 我曾有好几次阐述过这一观点，特别是在同鲁道夫·伯格（Rodolphe Burger）的对话中，发表于《普遍文学杂志》第 2 期，POL，1996 年（从他的文章《筋斗》开始，《普遍文学杂志》，第 1 期，1995 年）和《不和之音》，第 1 期，法国声学音乐协调研究所/布古瓦出版社，1986 年。根据同样的观点，彼得·森迪（Peter Szendy）出版了一本佳作《收听》，子夜出版社，2000 年。此前他曾经在法国声学音乐协调研究所就这一主题组织了一场研讨会，会议名称就叫"收听"，论文集由阿马丹出版社在 2000 年出版。

受的痛苦，也远比在他们只能听见或只能看见时所遭受的痛苦要更多和更早）。

模拟录制，它既可以录制音乐也能录制电影，录制音乐和电影是文化工业最早生产出来的两个客体①——它们在《法国香颂》中相遇交织，还有与它们交织的观众和听众的意识。

阿兰·雷乃的这部电影，就在 1996 年这次讲座过后不久上映，它给我留下一种极端的印象。这部电影既重新提出并加强了我关于录制音乐和它制造的听众所展开的问题，也加强了我在电影领域针对费里尼的《访谈录》进行的探索。②

录制音乐和摄影电影既是时间客体又是大众产品，它们由文化工业制作，与意识一样流动顺畅，通过**广播和电视的延伸**，立足于其**工业时间性的大众性**，它们会改变这种意识的时间性，即总体的意识，总体的意识**仅仅**是时间性，是一个贯穿的**过程**，而非**稳固**的结构［这个过程及其流动性，反过来会包含一些**自行元稳定**（se métastabilisent）的形

---

① 参见若埃尔·法奇（Joëlle Farchy），《文化例外的终结?》，法国国家科学研究中心出版社，1999 年。这也是因为我觉得，在 20 世纪得到普及的模拟可复制性，不仅影响了音乐的收听，还影响了音乐的创造。在电子音乐研究中心的讲座前十年，我在法国声学音乐协调研究所时就支持音乐的创造。另一件最杰出的音乐大事，就是比波普和现代爵士乐创始人查理·帕克的音乐，还有**他对留声机和萨克管的配合使用**。

② 我在《技术与时间 2：迷失方向》和《技术与时间 3：电影的时间与存在之痛的问题》中相继对《访谈录》展开了分析。

式,也就是自行元结构(se méta-structurent)状态,如同水流中的漩涡,一切都将包括在内]。

正是这种时间的变化,伴随时间的变化,被阿兰·雷乃淋漓尽致地展现出来——**充当着生存之痛**。

在《法国香颂》中,一个时间客体,录制的歌曲,它被上演于另一个时间客体,并且通过后者来上演,那就是电影。电影也是建立在录制和可复制性基础上的客体,而机器和模拟的可复制性是电影特有的技术。电影夺取了这些技术,通过超级加速,进行转变,某种程度上将它们升华。电影利用录制歌曲生成的特殊效果,将其转化为自己的材料——材料的剪接和混合。这种对声音与图像的剪接和混合极其精巧,通过一种再语境化(recontextualisation)游戏和某种非常特别的"库里肖夫效应"①,制作出一部既复杂又明了、既难忘又精美的电影,成为表现笑声和眼泪之间戏剧性张力的完美舞台。

我们

我们全都熟悉这里演唱的歌曲——"我们",即**生活在**

---

① "库里肖夫效应"说明镜头的剪辑制约着镜头产生的效果,它属于胡塞尔用于分析时间客体的"第一持存"中的一种特殊情况。关于这一点,参见下文《忒瑞西阿斯与时间之战》。

法国的公众：这些歌曲全部是法文歌，由法国人演唱，只有其中一首《什么？》是例外，由简·柏金演唱，这是唯一的时刻，她以另一个名分表演，以例外的身份表演，关于这一点，我下面还将讨论。

我们全都熟悉这里演唱的歌曲，在这个意义上，**我们在场于电影中**，而且不仅仅是在影院里，面对着银幕：我们不仅在场于电影中，**就像不计其数的耳朵那样**，和着每个副歌跟唱，与人物嘴巴一起唱着和着，产生一种震耳欲聋的回声。然而正是这般的我们，才是**这部电影探索的问题，而非它面前的其他东西**，这种探索的力量令人惶恐不安。这个**我们**的问题，以及**这个我们**所**假定**的**接纳问题**，形成了我在《电影的时间与存在之痛的问题》①中论述的思考视野。因为歌曲的**民族语**（*idiomatique*）标记，构成电影中戏剧动力的一个主要元素的东西，显然开启了一个巨大的问题——在《电影的时间》中，我把这个问题当作**接纳问题**进行了探索，这也就是"**人为性**"（*facticité*）问题。电影精确无疑地展现出了这个问题，采用雷乃的说法就是"表象"。

很难想象，一位从未在法国生活过、对法国**大众文化**一无所知的观众，能够看这部电影——也就是说，在这里必然还要同时地听，而且我们会看到，还要用眼睛来听。

---

① 同上；尤其是第三章《"我"和"我们"：美国的接纳政策》。

此外，这部电影中若包含外国歌曲，这显然是要更大想象力的事——至于歌曲在 20 世纪所扮演的角色，有个惊人的事实，那就是歌曲所孕育的民族语的国际流通。当然这可以成为另一部完全不同的电影，它将探索比**我们更加宽广的环路**，也许需要一种不多的注意力，去关注其**更加密集的集中点**，这个集中点也总是与某个**地点**相关。

在这里，地点就是巴黎。

电影的歌曲通常是大家熟悉的歌曲（许多都是"流行歌曲"）。法国广播电台在过去 80 年里一直在播送，最初是通过**电磁波播送**，后来的商人们则用**录制唱片**的形式向外发行。影片的歌曲由人物**演唱**。其实也不能说这些歌曲是由他们演唱的：他们只是在模仿演唱。歌手们是那些创作歌曲的人：例如《当时光流逝》，那是勒欧·费雷演唱的。这些声音被加以利用，让人物进行**腹语**表演，同时也使电影时间**波谱化**：它会引发一系列的**归返**（*revenance*）。

因为不仅仅是人物中了魔并且使用腹语，而且这种归返正好发生在**我们身上**。这是某个相当模糊的过去的归返，某种飘忽不定的归返，通过那些老调（rangaine）、副歌、旋律、前奏、歌词泉涌而出。这些调子看上去非常美妙、十分准确，最后就像真正的艺术品一样必不可少，正是通过它们，往往非常模糊的过去和漂浮不定的回返会涌现在我们身上。而对于我们来说，几乎不怎么重视这些**器官**——女歌手和男歌手们的嗓子，以及时代赋予它们的耳朵，也就是说**我们的耳朵**。

一个时代的声音——与家庭

这些歌曲，已经**寄居于我们心中**，让**我们**自行说腹语，**恰恰因为我们形成了一个我们**，一个统一性相当简单和贫乏的**我们**，一个"一无所有"的我们，正如电影某个片段中关于某个不太讨喜的人（马克·都弗里雅尔，由兰伯特·威尔森扮演）所说的话，然而这个我们要比人们想象的更为丰富，在其简单中又不乏复杂性：随着电影和歌曲的流动，这就是我们所发现的东西。在这种流动中，歌曲自行就位，转变为色彩、音色、网格和某种时代的**声音**。不过这是个"可笑的时代"。随着故事的发展，这个流动无常、不可触摸的明晰事实降落到我们身上，最终将我们带走，聚集到终局，其中歌曲一首连一首，进入克洛德·弗朗索瓦所指挥和掌控的节奏。

因此我们与人物分享某种东西，即他们过去中非常不确定的东西：他们一边唱歌，一边召唤我们自身回忆的某个内容，**这个内容将我们的回忆编织起来**，我们随即进入回忆的人格和故事中，好像我们属于同一个**家庭**。[①] 我曾

[①] 关于20世纪的家庭问题，参见弗朗索瓦·特吕弗，《华氏451》和贝尔纳·斯蒂格勒，《爱，自爱，互爱：从"9·11"到"4·21"》，同上，第33页。

经分析过费里尼在《访谈录》中展示的类似结构。我们将看到，这种结构就是一个把戏，而雷乃电影中的把戏是怎样又为什么**严格地**取决于这一事实，即歌曲和电影都是**时间客体和工业**时间客体的——也就是某种特别类型的"第三持存"①。

从观看和聆听《法国香颂》的大厅出来——或者关掉电视机，或录像机，或电脑，或家庭影院的 DVD 播放器——我们有情不自禁地自己唱起来的倾向。这种诱惑只是在电影结束**之后**才会表现出来，因为在整个电影过程中，在**用其眼睛**聆听的观众的意识私密处，我们过于被剧情和演出的非凡必要性所迷惑，我们已经如此深深地**陷入其中**，以至于不再想齐声唱出任何一段副歌——既无法在黑暗的影厅里，也无法在我们家中，即在没有银幕的地方。

这是一部沉重的电影。

那里上演着一部巨大的正剧：我们的正剧。

61 模板（Clichés）

这个特别大胆的装置，其结果非常明显，无可争议，甚至在巨大的忧郁之中也能表现出愉悦之情。这个以所有

---

① 这个概念在《技术与时间》的前三卷中曾经论述过，参见下文第 78 页。

调子歌唱并且刺痛我们的忧郁，这个充满旋律的正剧，它就是一个**情节剧**，然而它更是一个**悲喜剧**。通过这一装置，我们这下就和电影人物连在一起，这也许是任何电影都永远做不到的事。

这些人物**处于配音演唱**（先提前录制，然后模仿着自己的录音唱——综艺节目那简陋而又典型的表演，这类歌曲在20世纪60年代充斥着电视屏幕）和卡拉OK（模仿一名歌手并代替他唱歌，伴随着歌手的音乐伴奏，这也是某一时期典型的大众现象，也是某种象征的贫困）**之间**。他们不是在配音演唱，因为除了简·柏金之外，他们都不是歌手：他们不会让别人把自己当作歌手。他们也并不认为"一首歌的时间"自己就成了歌手，比如卡拉OK歌手。他们处于一种更加复杂和更加平庸的态度之中；他们就**像我们一样**（但**我们并不知道**），被那些**鼓动他们**的歌曲**寄居**着。通过他们，歌手的声音在他们身上重新得到体现，这些**重新体现的**歌曲，其中至少有一部分，就变成了**模板**（clichés），获得了**某种出乎意料的立体感**（relief）。以这部出色的电影作为证明，它似乎显示，只有**剪辑**的模板有时才可以获得出乎意料的立体感。①

这大概就是笛卡尔在写下面这段话时想要表达的意思：

---

① 我将在《忒瑞西阿斯与时间之战》中再谈"出乎意料"（inattendu）这个神秘而原始的问题，见下文。

正如我们写不出字母表以外的字母组成的任何词汇，我们只能填写词典中的词汇组成的句子：一本书也一样，只能借用其他人的句子才能写出。

处于透视中的模板，在某个语境中，会体现一种立体感，笛卡尔称之为模板的协调——我们称之为其蒙太奇：

如果我所说的东西之间具有一种协调，并且紧密相联（**相关**），一个紧随着另一个，那么这将证明，我没有向他人借用什么句子，也没有从字典里汲取什么词汇。

说真的，在这里，在歌曲的例子中，歌曲早在我引用它之前就**将我网格化**。而我歌唱它们时并不知道我在引用它们。我毫无察觉，它们在我毫不知情的情况下与我的意识时间**交织**在一起。除非像在《法国香颂》中那样，我发现实际上，**大家所有人都熟悉这些歌曲**①，包括我在内，这个"所有人"指"大家"而不是"我们"：我属于这个中性、无人称，却非常亲密的"大家"，但它可能最终不是一个"我们"，至少**不完全是**。好像它缺乏某样东西。似乎在工业时间客体的时代，缺乏的倒是**我们**。

---

① 即使我们并不熟悉**所有的**歌曲亦然。

笛卡尔使用词语，在什么情况下不是同样的呢？有哪些词不是他从词典里选取的呢？然而这些词汇却存在于词典中——包括被字典加以引用充当使用范例的许多句子。实际上，我们根据主题和变化的方式，在不停地使用这些句子。

语法与取样

这是一个**语法**问题，即文字的问题，是我称作拼写文字①的**特殊性**问题——其中音位文字、视频文字和其他DVD，正如字母的拼写②那样，其案例每次都有某种特殊性，承载着**每次都是独特的时间**，也就是说由义肢制约的（康德意义上）综合。

正是这种炼金术，借助它"大家"有时**可能会指"我"**或者"我们"，音乐家兼歌手鲁道夫·伯格在分析**节录**和**家庭**音乐家的实践时，观察到的就是这个炼金术：

就好比在文学上，有人会卖预先**剪辑**好的目录书，附上几段夏多布里昂的节录，就像我们使用同义词词

---

① 在《技术与时间4：象征和魔鬼，或精神之战》（待出版）中，我还将详细论述这些问题。
② 参见贝尔纳·斯蒂格勒，《技术与时间2：迷失方向》，同上，第1章，《拼写文字的时代》。

典或者韵脚词典一样。

就是这样。技术工程允许预先品尝，然而有趣的是，在这种语境下，人们会找到出路，以便创造某种新的东西，即使这个新品无论如何都无法达到原创作品的地位亦然。

然而因为这些问题不仅由模拟的可复制性技术引起，也由数字的超复制性技术引起，而且每次都很特别，雷乃本人在谈论《我的美国舅舅》时就曾宣称（关于这个问题还将继续讨论）：

借助电影选段的想法从电影剧本的最初状态起就已经存在。甚至在某个时刻，我们考虑过仅仅在场景的基础上制作电影，这些场景将从组成电影史的近百万部电影提取。小说、电影和戏剧显示出所有可能的行为。只要有时间和耐心，我们也许就会成功的。但是从财政角度来看，这会是一番疯狂的事业。[1]

《法国香颂》这个题目曾引发了一场官司，结果阿兰·

---

[1] 阿兰·雷乃，《电影前幕》，第263期，1981年3月，第7页。

雷乃获胜。我们尤其感兴趣的是赢得这场官司的论据。①在《法国香颂》中,歌手和他们的声音是引用的、"取样的",进行了混录和剪辑——它们就像是戒指上的宝石,经过了雕琢和镶嵌。《法国香颂》在某种程度上延续了《我的美国舅舅》对人物采用**电影选段**的手法——正如他在另类笔调上所做的那样。我们看到,在《生活是一部小说》这部当时没有看懂的电影中——他添加了对"通俗歌曲"(克洛德·弗朗索瓦)独特性的探索。在《法国香颂》中,《生活是一部小说》里已经上演过的东西,即探讨幸福和不幸的问题已经由歌曲唱出,还有那个时代特有的苦恼,即**区分困难**所引起的苦恼,也就是说记忆的**记载**和**传递**的问题,**教育学**的问题,学校和知识的问题。这一切都被推向了极端,并且回到《我的美国舅舅》所开启的道路上,将它们

---

① 参见《法院公报》,1998年4月29、30日:"安德烈·哈利米先生起诉说,目前阿里纳电影公司在各影院上映的电影《法国香颂》所使用的题目,原样模仿了他发表于1959年的作品,还有他于1974—1975年在广播节目中播送的内容,这就导致了对其作品的一种伪造,一种潜在的伪造,至少是一种对其著作的不正当使用。他认为这明显构成了对其精确文本的非法侵犯。

根据《罗贝尔法语辞典》释义,这一词语——'老歌重唱'——是一个通俗的固定短语。

这个表达的使用来自日常用语,根据知识产权法第L112-4条第1行,安德烈·哈利米先生所要求的版权,明显不适用于审判法官的权限,而只需要一种评价,这说到底属于法官权力的范围。

此外,无论安德烈·哈利米先生的著作在爱好综艺的观众心里留下怎样的记忆,综艺节目对于著作而言展现为一种探索,探索'不同角度下的歌曲:艺术、经济和社会';而对于广播和电视节目而言,则表现为一些与名流的谈话,听取他们对本时代歌曲的看法和印象。而阿兰·雷乃的这部电影是一部风俗喜剧,电影由六个人物构成,对话中插入一些简短的歌曲节选,是要揭示'表象的主题'。因此在哈利米先生的著作和雷乃的电影之间,混淆的风险显然不足以支持起诉方所举证的违法。"

演变成一个**生存之痛**的问题。

腹语者，抑或猴子和鹦鹉

因为如果说雷乃针对图像，或者更确切地说**通过**图像进行节录——这是一位优秀的 DJ，他就这般不仅让我们用耳朵聆听，还让我们用眼睛去听——问题是歌曲仍然是一种非常特殊的工业时间客体：它是**专属于一个时代**的客体，尤其标志着这个时代及这一时代永恒的"悬置"（suspension）；它还是一种主要的大众艺术，波及和影响了**所有的耳朵**，我们听到了这些歌曲，即使我们从未想要听见，好像处于某种**误听**当中。同样，电视直接或间接地命中了所有的眼睛（我越来越想说它感染了观众）——在那里，电影要么成为"有教养的"人们的业余艺术，要么成为**消遣**和工业的商业片。这是一种回报丰厚、面向超级大众（常逛超级市场的人们）的象征工业。

这一切将提出我们时代所特有的若干问题——或我们时代的**不在场**。我们这个时代的**缺乏**。

说话的不是人物，而且人物并没有说话——况且他们也没有唱歌：**是歌曲**在他们身上**唱响**，他们是腹语者。他们想说话，歌声就起来了。这些歌声的时刻总是在剧情出现戏剧性转折时介入，借助于歌声，电影人物假扮他们所唱的歌曲人物（同样地，《我的美国舅舅》中的人物把电影片段投射到**他们自己的想象**中）：电影人物在某种程度上**接纳**了歌曲人物的精神状态，而我们自己，正如我们将要看到的那样，将接纳这些人物的时间、希望、担忧和情感，通过这些人物接纳这些歌曲的时间——**最终我们和他们一起**，反常地拥有一种奇怪的慰藉，就在那个逐渐揭示出来并且构成他们的生存之痛中。

借用和**接纳**是雷乃电影的核心，《我的美国舅舅》和《法国香颂》都一样，它们是借以构成"意识"的正常方式，所以必须慎重地在"意识"一词上添加引号。"意识"绝不会纯粹而简单地由自己构成，并且原初时也不是这样：它总是有点既像猴子又像鹦鹉；它总是从非自身之物中承袭若干品性——这就是其"人为性"。而它"需要存在"（à être）的正是这个遗产。

需要**存在**（海德格尔）？或是需要**变易**（尼采）？

完全反对我们

正是这种继承人为性的初始境况，我过去称之为**已经在此**（déjè-là）。它再次成为我的分析对象，但这次是作为**剪辑的材料**——**自由地**剪辑到电影中，意识将自身当作未来投影到电影中，剪辑到这个既高级又隐蔽的能力中，即康德所说的**想象力**中。

自由的游戏,没有这个游戏,就没有蒙太奇也没有意识。因为一个不自由的"意识"会是什么?如果不能自由地说"我",针对其他任何的"我",针对"我们"和"大家","意识"又会是什么——**反对,完全反对**,萨卡·圭特瑞①如是说。

于是有人会说,歌曲表达的无非就是灵魂和意识的普通状态,并且歌曲总是同往常一样,最终提出自由和意志的可能性问题,想象和行动的游戏问题,出发点将是**预制的和被动接受的人为性**,这个人为性是比任何其他可能性都更加古老的一个他律。这么说不无道理,如果我们这么理解的话:这里涉及的是一个普通却仍然独特的事物,即**我们**的普通物,但最终它会非常普通(extra-ordinaire),是**工业**时间客体的时代的普通。这种客体前来侵袭我们的耳朵和眼睛,弄得我们不知道该思考什么,思考我们是**谁**——如果我们还**存在**的话。

这里的问题是这种预制条件的问题。预制条件已经发生演变,使得我们难以在此生存,在这个我们"需要存在"的**已经在此**中生存:某些歌曲很好地表达的正是**我们生存之痛**的已经在此,这些歌曲就某些方面而言,是我们**被动地接受**的,既是苦恼的原因,也是苦恼的表达,如果不能

---

① "我反对女人——完全反对。"

治愈，至少提供**缓解**的可能性。

缓解某个**糟糕变易**（*devenir-mauvais*）施加给我们的诸多考验。

我们很诧异地发现，在电影放映过程中，我们熟悉那么多的歌曲，还有那么多我们以外的人也熟悉这些歌曲：例如阿兰·雷乃也知道很多的歌曲，他所感兴趣的歌曲，我们自己可能永远不会对它们感兴趣；我们很惊讶地发现，我们终于也对这些歌曲产生兴趣，也许它们带给我们的感动一直远远多于我们的想象，总之它们与我们的意识在相互交织，与它们过去的流动交织，借助着最隐秘和最密切的方式。而最终我们喜爱它们，或许我们已经**喜爱**上它们了，只是我们还未察觉，我们还不敢承认，有些局促不安（在电影开始的时候，我心想我特别喜欢黛莉达和阿兰·德龙的《花言巧语》；可到最后我发觉，我喜欢**所有**这些歌曲，而我曾经认为它们中的大部分都非常可笑）。

一旦这些歌曲突然出现在这个如此巧妙地构筑起来并为之服务的语境中，一旦它们以**近乎奇迹般的**方式出现时，这些我们认为陈旧的老调，面对变得如此**毫无信仰**和疲惫不堪的我们，却显示出**确定无疑和必不可少的诗意力量**。

我们与歌曲的旋律结合，我们听着最深处的歌词，听着最深处的喜悦。

祈祷："愿我的喜悦永在。"

71 信仰，投影，无信仰

我们熟悉的这些歌曲，电影人物也熟悉，因为他们在唱这些歌曲。所以我们立刻就同他们靠近了。这些歌曲在电影人物和我们之间建立起一种奇怪的亲密关系，我们不太清楚如何表达这种关系，但它是一种确定的、愉快的关系，总是非常奇特，有时又令人伤心和震惊。我们将自己投影在他们身上，就像投影在任一电影人物身上一样，**只是这里的我们带着一种不寻常的力量。**

这些录制歌曲，我们最终如此熟悉的歌曲，却让我们很惊讶，因为我们发现自己从未真正**思考**过它们。它们大力激发每个人物的个性，却又**同时对所有人一视同仁**，是些无人称的歌，以至于当戏剧性的时刻发生在电影中时，电影人物会唱出这些与**其他许多意识共通的歌词**，而不是说出歌词。然而，这立刻就成为**显而易见的事实**，我们**相信这些人物**，可能超过我们所能想象出来的一切。这种表演与我们在现实中**想要**的生活方式相去甚远，它表现出**支撑**这种现实的东西——也揭露出这种现实中**无法忍受的东西**。

这部电影所展现的世界处在一个工业化的时代，它与过去的关系即使不是彻底消失，也已经变得模糊不清——

这使得电影的主要人物,那个历史系的女学生卡米叶痛苦不已。

这部电影要表达的只是生存之痛。阿兰·雷乃仔细、朴实、近乎冷漠地导演了这部电影,甚至带着一种冷冰冰的唯美主义。展现出的巴黎是这样的——19世纪(当代艺术会遭到嘲笑)——还有(绝妙的)布景,一切都印刻着古老和富有魅力/新兴和难以相处这两者之间的对比痕迹。没有一台电脑将电影安装在它的时代。比起今天的流行街区,我们关于肖蒙山丘公园的情况要获悉得更多。我们生活中任何微不足道的东西都得到描绘:手机的玩世不恭和遥控的愚笨粗鲁。还有贷款的忧愁取代了有趣的东西(例如历史)。①

我不确定对于雷乃来说,古老和现代的**对立**是否如这位影评家所思考的这般**简单**。如果说电影没有"安装在它的时代",大概是因为它说明,**这个时代不完全是一个时代**,这个时代还未被**安装**。

---

① 见 www.ecrannoir.fr/critiques/chansons-htm。

73 创造厌恶

或者这是一个奇怪的时代，它改变了一个时代曾经的意义。正如美国一家广告公司 1955 年所写的广告词，预测了本世纪末全球的生活方式，这预测是否属实？

> ……造就这个国家（北美）的伟大的东西，就是需求和欲望的创造，创造对一切古老和过时东西的厌恶。①

创造喜好已经是个事实，这里是要创造厌恶。厌恶最终将波及喜好，使得喜好再次得到创造。"再也没有尊重，什么也没有。"② 万斯·帕柯德（Vance Packard）写道，这种"创造需求"将"求助于潜意识"：

> 求助于潜意识的想法大部分源于工业家们不断遇到的困难，他们很难让美国人去购买他们工厂能够生产的东西。③

---

① 引自万斯·帕柯德，《暗中说服》，卡尔曼·勒维出版社，1958 年，第 17 页。
② 参见上文，第 43 页。
③ 万斯·帕柯德，《暗中说服》，同上，第 17 页。

未来最有效的工具将是大众传媒和文化工业体系，它能帮助创造对一切古老和过时东西的厌恶，创造与**全新**——甚至**新款**——相关的所谓愿望，即符合工业发展利益的需求。媒体和文化工业是市场工业的矢量，也是工业时间客体的销售体系，即**意识时间的通达模式**，它将逐步成为系统开发的对象。

第二次世界大战之后，意识被广告（advertising）当作目标，成为一种可利用的资源（但并非取之不尽），也就是说被当作一种商品。这正是"发展"的条件。在**对促进这种流动的因素进行的总动员**中，也就是说在其动机［帕柯德在20世纪50年代详细分析了在美国构成RM的因素，即"动机寻求"（recherche des mobiles）］中，**工业时间客体就是工具之王**：它们以理想的、大量的方式与意识时间相互交织。

这也是后续年代中以可怕方式得到加强的因素，正如约瑟夫·派因和詹姆斯·吉尔摩所说的引人深思的话：

> ……在经验的新经济中，企业应该知道它生产的不再是商品，而是回忆。①

过时，古老，还有**陈腐**，这便是雷乃所上演的东西。

---

① 引自杰里米·里夫金，《进入的时代》，发现出版社，2000年，第188页。

它对抗的倒不是现代性，而是现代性的**缺乏**，一个**虚无**，这个现代性**由于"现代性意识"**的枯竭而变成虚无。这是一个我们不知道**应该**思考什么的时代——于是面对一件"现代"雕塑，本身庸俗的人物便贬义地称之为"一摞碟子"，而让公共的评判悬置着，无法做出裁定。

雷乃**借助**构成非常深刻和非常隐秘的已经在此的歌曲，同时上演了：

——这个已经在此在**结构上过时**的事实；

——由此造成的**生存之痛**，尤其是有关历史系女生卡米叶的事情；

——歌曲的持续性，面对雕塑的虚弱，也即美术的虚弱，歌曲有其非凡的组建**能力**，有其广泛分享的**知识**。

这里占统治地位的通俗歌曲不容置疑地构成了我们有时所说的"社会纽带"的基础。尽管如此，如果说录制歌曲明显地配置了一个新型的**我们**，那么这是一个**沮丧和病痛**的我们。是那个病痛——和**羞耻**——着的**变易的大家**。生为人的耻辱。

76 热爱巴黎

影片开始于1945年，在巴黎，有一场灾难性危机，这首歌曲中断了危机：

我有两位爱人，我的祖国和巴黎……

歌唱者是冯·肖尔蒂茨将军，他违抗了希特勒刚刚给他下达的炸毁巴黎的命令。

歌曲对危机的中断是一种奇迹。

摧毁巴黎会抹掉以往积累下来的、世界上绝无仅有的过去。在建筑物上，在街名中，在花园内，在广场上，在公园和里面的雕像上，这些过去可见可读——时代的终结在今天**也许**依然可能。其他任何地方都没有这种过去，那么多的参观者和游客来巴黎享用它，参观者和游客也经常出现在影片中。

故事以历史开始，同时也引出这个人物：卡米叶，历史系女生，电影女主人公。

我已经指出，在《法国香颂》中，"熟悉"人物所演唱的歌曲的我们，**必然是生活在法国的观众**。冯·肖尔蒂茨将军本人就生活在法国，他最终抵抗不了"巴黎的魅力"，于是这个**地方**就有了更多的分量，比德国军队最高统帅这位独裁者更有**威望**和**力量**。不管怎样，这位德国人拯救了巴黎。冯·肖尔蒂茨热爱巴黎。

希特勒的命令是对巨大凝结的威胁，这种凝结我称之为后种系生成①——这种记忆储存专属于一种独一无二的

---

① 见《技术与时间1：爱比米修斯的过失》，同上。

生活形式，即人类的生活形式，它同时也是"精神的生活"。这是一种保存在各类事物中的记忆，从备忘录到建筑物，还有各种各样的书本、崇拜物和记录簿——其中包括电影和录制歌曲。巴黎以她的卓越和她最具总括力的空间，成为**居住空间**中这种后种系结构的杰出范例，她**提供了这些空间**。她也只有这样才是**可以居住**的空间。她也这般标示着她的居民，**占据着他们的精神**，在某种程度上，还包括居留在那里的外国人。

后种系生成是空间化的时间，时间化的空间，事件沉积的储存，人们常常生活在其中但又不知不觉。它还是一种世代相传的记忆（一代一代地相互影响和**精神传承**），通过自我空间化，它外化并保存在**非生者**（*non-vivant*）**的人为性**中——以抵抗生者（vivant）的**脆弱性**。

78　后种系生成与第三持存

后种系生成，这是一个**生产过程**，我称之为第三**持存**的生产过程，以区别于胡塞尔的第一持存和第二持存。让我们再次并花费片刻时间看一看旋律，即胡塞尔研究的第一时间客体，以便了解它究竟是什么——在此我不得不以概述方式重提一下在《电影的时间与存在之痛的问题》中已经进行过的分析。

在一段旋律的"现在"中，在一个流动着的音乐客体的当下时刻中，在场的音符不再是一种音符。它不仅仅是一个声音，**因为它将上一个音符留在了自己身上**，并且让自己保持在场，上一个音符又将上上个音符保留在自己身上，上上个音符又将它的上一个音符保留在自己身上，以此类推。不应该混淆这个第一持存和第二持存：**第一持存属于感知的现时**，而**第二持存**则是我昨天能听到的旋律，而且我能借助记忆的游戏**在想象中**重新听到这段旋律，这构成我的意识的**过去**。胡塞尔说，不应该混淆感知（第一持存）和想象（第二持存）。在发明留声机之前，绝对不可能连续两次听到同一段旋律。然而自从留声机出现后，即我说的"第三持存"（一种义肢，外化的记忆）出现后，原模原样地重复同一个时间客体成为可能，这使得我们能够更好地理解持存过程。因为显示为结果的东西是这样：

——当同一个时间**客体**连续两次产生时，就会生成两种不同的时间**现象**，这意味着第一持存从一种现象到另一种现象发生了变化，第一次听到的持存，在变成第二持存后，将在第二次听到第一持存时起到选择作用——通常而言真是这样，然而声音文字的这种第三持存使情况变得明显无疑——重复产生了差异。

——另一方面，第三持存化的时间客体（声音文字，但也包括电影、广播和电视节目），即录制的时间客体，它们都是物质化的时间，这个时间超级决定（surdéterminer）

着普遍意义上的第一持存和第二持存之间的关系，并且在某些方面还能控制它们；其差异可以通过第三重复进行强化或者取消——重复可以产生一种无差异。

这一切都是欲望和冲动以及重复的强制作用。厄洛斯①和塔纳托斯②拥有一切用以相互对抗的武器，但尤其并且十分肯定的是**组合**（*composer*）的武器。首先是**谱写**（*composer*）歌曲。

80 奇迹与不安

后种系生成是各种形式的第三持存在生产过程中留下的**沉积储存**，它构成了这个武器库，声音文字则是其中一种特殊情况。后种系生成的**物质**记忆虽然受到其外化性的保护，但仍然可以被永久地摧毁。这种情况将不会发生在巴黎，它被奇迹般地避免了——而这个"奇迹"，还是歌曲。

巴黎占据了这位德国将军的精神，这是压在第三持存的精神或意识之上的重量，其后种系生成就是生产过程和随之产生的体系。然而影片还展示了另一种客观化持存的权威：**录制音乐**，它不仅对肖尔蒂茨，也对**我们**发挥作用。

---

① 厄洛斯（Éros），希腊神话中的爱神，情欲与性爱的象征。——译注
② 塔纳托斯（Thanatos），希腊神话中的死神，也代表死亡冲动。——译注

这种权威还是一种痛苦的**源头**，而这种痛苦显示为一种真正的生存之痛。

后种系生成以及它所构成的持存体系是建构一个**我们**的条件。这个**我们**，不仅被自身生活的空间占据着，而在我们的时代，从 1945 年起，它还被流传的歌曲占据着。一个政策首先是这些"第三持存"的政策，这也正是希特勒的摧毁意志所具有的深层意义，我们非常清楚他是多么重视痕迹问题：这就是要消灭持存装置，而巴黎只是其中的一个配件。

然而这也是一种**抹杀**，如果说不是整个巴黎，至少是抹杀巴黎的某个**景色**。阿兰·雷乃给我们讲述的这出现代正剧，它会导致这种结果。

一定要看看巴黎，不仅要看看它，更要了解它。所以，影片在叙述开始的时候引入了卡米叶这位历史系的女生作为导游，她正在完成一篇博士论文《帕拉德吕湖边公元 1000 年的农民骑士》。影片的第二个片段发生在里沃利街，就在一座德军指挥部的建筑物下面，卡米叶向游客和我们这些观众解说上一个场景的意义，她说巴黎本来是要被炸毁的。

况且，保存在这座城市里建筑物和历史遗迹中的东西，也许，甚至**肯定**，甚至**必然总会遭到威胁**。这就是卡米叶的不安，这种不安会变成她的痛苦，随后是她的崩溃。

卡米叶与历史

卡米叶是历史系学生，但她也是导游：她将巴黎，它的建筑物、它的历史遗迹和它的公园讲解给游客们听，讲给老人们和无所事事的人听。她的姐姐奥迪尔几乎与她完全相反。奥迪尔很现代，是一个有主见的女人。她在一家公司任职，梦想着买一套新公寓，面向整个巴黎的美丽风景。

奥迪尔每次出现在银幕上都会唱歌，相反卡米叶却很少唱歌：只有两次，是在她爱上马克的时候。马克是个可恶的人物，而奥迪尔却认为他很可爱："这位马克多可爱啊！"卡米叶唱了两次歌，然后她就**失音**了：她陷入了沮丧之中。

她坠入了爱河，而且几乎是立刻进行了博士论文的"答辩"。正是在答辩当天，她第一次感到了痛苦。她喘不上气。这个场景是影片的一次转折。往常属于喜剧、魅力和轻快之类的东西，这时变成了谎言、疾病和焦虑。在博士论文答辩期间，影片中的一切第一次发生旋转——所有人都或多或少委婉地嘲笑这篇论文的主题（只有父亲和姐姐奥迪尔例外——奥迪尔说卡米叶是"家里的超天才"）。

"关于什么的博士论文？"奥迪尔的朋友尼古拉在听到卡米叶说出论文"主题"（《帕拉德吕湖边公元1000年的农民骑士》）后这般问道。卡米叶回答说："关于……屁事！"

尼古拉——有人感兴趣吗，这个……？

卡米叶——没有，没人感兴趣！

尼古拉——那你为什么还要选这个题目？

卡米叶——为了让傻瓜说话。

卡米叶随后对奥迪尔说："总是这样，他们先问你关于什么，然后他们就取笑。"当她得知学校决定出版她的博士论文时，她感到很懊恼，神情沮丧地问道："会有超过15个人对这个主题感兴趣吗？"每当她不得不谈论博士论文的时候，这篇论文都非但不能给她带来一场文雅谈话的快乐，还激发一阵如此贫乏的喋喋不休，使得她见证了时代的贫困，任何知识意志和立场（**论点**）或"学术"态度的空洞，还有当下时代对"久远"时代的清算。这是真正的历史记忆的空白，总之是大学体制整体上的无用。尽管冯·肖尔蒂茨拒绝炸毁，但整个巴黎和所有留存巴黎的知识似乎最终被付之一炬。

毫无疑问，雷乃在这些场景中善意地、近乎同情地表达了对大学"研究"的讥讽之意。此外，我们感觉到雷乃也在嘲讽他自己，困扰卡米叶的东西，也正是雷乃的**顽念**，好像卡米叶掩盖了阿兰·雷乃和她自己的不安。这一点通过这些公元1000年的骑士得到展示。这些骑士以极短的镜头和不经意的方式**显露**在卡米叶面前，就在她声称那个演变成沉沦的痛苦出现之后不久。这些骑士和他们所生活的湖泊，她会对此**产生幻觉**，使之形成某个场景的准归返（quasi-revenance），形成了一个地下层，某种程度上形成《生活是一部小说》中的"后种系生成"层（用雷乃自我引用的话说，是阿兰·雷乃这个人物的一个记忆层，雷乃既进入表演，却又将自己隐藏在自己的电影中）。

卡米叶幻想着这些骑士，而在一家豪华旅馆下楼去洗手间时，她让姐姐奥迪尔跟马克·都弗里雅尔闲聊，即她那个狗屎未婚夫，这个狗屎蛋使她病得越来越厉害。他跟她是如此不同，他太注重当下，特别地现代，减免了灵魂状态，甚至没有灵魂。这是"一个绝对完好无损的景点，一张中世纪日常生活的快镜照片"，在谈到帕拉德吕湖时她这么说。她完全体会到博士论文的空洞无用，博士论文也是她**对当代知识的疑问**，就像随处可见的**对艺术的怀疑**，即使这种疑问和这种怀疑并不对等亦然：受到质疑的知识不是工业科学知识（可这还是知识吗？也就是说某种**有滋有味**的东西），而是古老、陈旧、过时的知识；而一尊被丑化的雕像，耸立在重新城市化的广场上，在新修复的一个街区中，这就是当代（"我嘛，相当喜欢"，西蒙这样说，他爱上了奥迪尔，而奥迪尔则爱着或者自以为爱着马克）。

表象，谎言，虚构：

"——我不在乎什么！

——是吗？

——那么是**谁**？你该问问！狄俄尼索斯这样说。"

答辩过后，卡米叶怀疑**一切**。

"我不在乎我的博士论文。"有一次她对西蒙这么说。她当时感到了第二种痛苦，在爱上马克·都弗里雅尔以后，她开始自欺欺人，于是唱道：

我不在乎什么，

可能发生任何情况，

我不在乎什么，

我有属于我的情人，

这也许很平常，

人们怎么看我们，

无关紧要，

我不在乎。（伊迪丝·琵雅芙）

可是卡米叶很快就陷入了沮丧。① 突然间慌乱和迷失降落到所有人物身上，波及某个乏味时代的精神方面，就

---

① 伊迪丝·琵雅芙这首歌的歌词段在最终版本里发生了变化，终版在某种程度上使用了颠倒的方法，这用来理解卡米叶这个人物是特别有趣的。在歌的结尾处，情人"**既已离去**"，重复的歌词段**变成**这样："我不在乎什么/可能发生任何事情/我不在乎什么/我有属于我的过去/这也许很平常/人们怎么看**你们**/无关紧要/我不在乎。"

86　在此时，在他们眼前掩盖人物深层动机的表象即将被揭开之时——只有马克除外，他只是个说谎者。揭开表象是电影的最后一部分，从简·柏金上场开始。

简扮演尼古拉的妻子珍妮，她是一个有"生理病变"的人，忧郁、疑心重，或多或少有点谎言癖。珍妮是其丈夫生存之痛的受害者，她在向丈夫做出解释的时候唱了《什么？》。

可是确切地说，不正是简在唱《什么？》吗？这首歌不就是唱给塞日听的吗？——也是唱给他听，已经去世了的甘斯布①，是他写的这首歌。

这首歌，这次倒不是模仿的，而是由不久以前创作这首歌的女歌手演唱的。这位女歌手也是一名喜剧演员，在阿兰·雷乃的这部电影中扮演角色，把她生活的一部分和她迷人的美貌给予了这部电影，她的美丽被近距离地拍摄，我们只得尽兴欣赏。这首歌曲是全片的轴心：围绕它开始了一系列的揭示。

终局**开始**于珍妮演唱《什么？》的时刻，因为不同于其他人物，珍妮**几乎**就是她的角色：她演唱**她的**歌曲，她没有充当借用歌曲的腹语者，她没有被无人称的歌词占据，是**她**亲自在进行表达。

---

① 塞日·甘斯布（Serge Gainsbourg, 1928—1991），法国歌手、作曲家、钢琴家、诗人、画家、编剧、作家、演员和导演等，一生谱写了500多首歌曲。——译注

简·柏金扮演的人物是一个虚构,她演唱简的歌曲以表演这一虚构。这个**人物**被 star 的**生活**萦绕着,或者更确切地说是明星的生活,是**女歌手和喜剧演员**的生活。

诚然,我们听着《什么?》,就好像简·柏金在扮演她自己的角色,同时这首歌在这里也表达了珍妮的痛苦,不仅仅是简的过去,唱的是她与电影中的丈夫尼古拉的关系之痛,因为这位丈夫"不停地撒谎"。电影人物与喜剧演员和歌手的人物非凡地**交叠**在一起。我们是否可以说,珍妮和尼古拉之间的场景必须"吻合",甚至奇怪而又冒失地进入一个令人揪心的事实,即当简·柏金演唱《什么?》的时候,人们可以尽情猜想她该想些什么。如关于她的生活,她与某个男人的关系,我们猜想她肯定爱过他。我们也知道那个男人是谁:另一位歌手塞日·甘斯布。我们会情不自禁地把这个影像投影到银幕上。

这事只有这样才有可能,因为简·柏金扮演的是她自己的角色,却又不如实地扮演,只能让她处在一个非常复杂的三重虚构中,虚构且复杂得使她成为**最高真实**的角色:

——她所扮演的人物的虚构;

——这种表演的虚构,因为她并不在真正地表演——就像跟一个孩子说,"这不是表演";

——事件的虚构,她所唱的就是她的歌,也不过就是一首歌,也就是说一个虚构,似乎是唱给甘斯布听的,而这首歌又是去世的甘斯布所写。

这一切织成一张华丽的表象之网，却不过是一出影子戏，幻象的一团乱麻。

好＝不好

然而这些表象具有拯救功能。于是当它们"连贯"地推上舞台时，正如笛卡尔所说，它们能够"拯救现象"。简·柏金唱歌时带着大家耳熟的英语口音，就像冯·肖尔蒂茨拯救巴黎那样，使情况完全颠倒了过来，或许还是无意为之。**大家**所熟悉的歌曲全都用法语演唱，民族语标志非常明显，可这是两名**外国**侨民，他们才是这部电影的真正主角——如果我们将他们理解成拯救者，那他们就是拯救的英雄形象。

所有人物或多或少都患有抑郁症或神经官能症，或多或少都是他们否认行为的受害者，只有西蒙除外，因为他爱上了卡米叶，这位长久饱受抑郁症折磨的人，还有马克除外，因为卡米叶爱上他，而马克可一点也不抑郁或者神经质，**他很现代**，就像奥迪尔想要成为的那样——而且比奥迪尔更加现代，奥迪尔有点过度顾忌和内疚。马克却毫无顾虑，一副犬儒主义者的样子，利欲熏心，品格不端，还谎话连篇：他体现了生成所有人物忧郁的大部分东西，这恰恰是他非常"现代"所致。他的谎言在电影结尾处被拆穿。在同一时刻，所有人物都相互坦言，同时也是向自己坦言他们最深处的生存之痛。当卡米叶说明她的"症状"时，尼古拉则对她说："你所说的一切，你所描绘的一切，这恰恰是我的情况。"然后他又对西蒙说：

> 我误会卡米叶了。这女孩确实很好。我不知道她的身体有这么不好。

"情况良好"，就是"身体不好"。

甚至马克最后也承认他是"不好的失恋者"，他"内心深处有一种绝望"（克洛德·弗朗索瓦）。尼古拉最后给在英国的珍妮打电话，以便向她解释：

> 某样东西已经变得不好
> 已经打碎，
> 我不希望你离开。（米歇尔·约纳斯）

西蒙在跟卡米叶谈他非常了解的抑郁症时，对卡米叶说：

> 你清楚的，
> 这没什么，
> 时光流逝

会再来的。(于连·克莱尔)

随即克洛德，奥迪尔的丈夫，和上克洛德·弗朗索瓦的歌词：

它来来又去去，
它是鸡毛蒜皮，
它唱唱又跳跳，
它来来又抱抱，
像首通俗歌曲……

最终还是马克唱了一首埃迪·米切尔的《白人蓝调》作为结尾。

一首**蓝调**。

最后几分钟，各个人物用各种语气说着**令他们痛苦的不好**，这时刻对**我们**而言是**巨大的生存之乐**（bien-être）的时刻。谢天谢地！终于**说**了。终于解脱。**我们的不好被说了出来**。

"我也不……"

在《什么?》中，简或者珍妮说：

你宁死也不投降。

随后尼古拉又唱道：

这是最后一场，
这是最后一段，
银幕上的帷幔
此刻已经下降。（埃迪·米切尔）

正是从《什么?》开始，"用语言表达"所谓的生存之痛才成为可能——总是采用歌曲形式。随后歌曲重新响起，尤其是克洛德·弗朗索瓦的歌曲，然而这时的歌曲却有了另一种曲调。它们犹如脱缰野马一首连着一首，连续不断直至尾声，将我们带入了一种兴奋的陶醉之中。在这个几乎悲剧性的结尾开始时，在这个情感宣泄的过程中，在这个解放性的爆发中，所有人物都面对卡米叶，最后齐声高唱电话乐队的歌词：

这真是你呀！
这感觉到啦，
这真是你呀！
这感觉到真是你呀！

这感觉到真是你呀!

为了让我们准备好面对这个壮观的场景,面对这场盛会,雷乃就像费里尼在《访谈录》中对安妮塔·艾克伯格所做的那样,在下列事情上做游戏。我们大家都熟悉简·柏金的这首歌。电影的剪辑镜头使我们的一部分开始移动,让我们激动起来,而我们则把一种非常的情境投射到我们身上,因为这首歌在这里是由简·柏金本人演唱的。简·柏金讲述她自己生活中的某些内容,依据某种相像,是她与塞日·甘斯布的恋爱生活——至少在听到歌曲的时候,我们不得不相信这一点。因为这首情歌与众多情歌一样,说的是一段从1969年起众人皆知的爱情故事,在那个色情之年,在所有电台上都能听到:

塞日·甘斯布:

> 我来来去去
>
> 在你的腰间
>
> 我来来去去
>
> 在你的腰间
>
> 然后我
>
> 紧紧
>
> 抱住……

简·柏金：

我爱你，

嗯，我爱你……

这对情侣，塞日·甘斯布和简·柏金，不管我们是否愿意，我们都已经熟悉他们——我们，20世纪末的法国居民。1968年之后的一年。在某种程度上，我们属于这个家庭。这是我们的纪念册。

被堵挡的视野

事情最终显示，从奥迪尔和克洛德购买的公寓俯瞰巴黎，视野被一栋建筑堵挡住了。而卡米叶的未婚夫，也是现代不动产经纪人的马克·都弗里雅尔，是他把公寓卖给了奥迪尔，他对奥迪尔撒了谎。似乎巴黎注定要消失，或者奥迪尔注定要失去视力和生命。在谈到电影《忒瑞西阿斯》①时我还会提及这种失明。

在这部充满模棱两可的电影中，正是录制歌曲和借助电影对它进行的巧妙表现构成了影片的关键和张力。正是

---

① 见下文《忒瑞西阿斯与时间之战》。

通过录制歌曲,"观众的情感和理性在这个过程中相遇",爱森斯坦如是说。录制歌曲在这里既是生存之痛的因素,也是表象的工业化,还是拯救、表达和有益揭示的可能性。

自相矛盾的是,阿兰·雷乃的新片是一部伤感片,人们却又能从中读出欢乐……关键之处在哪里?

阿兰·雷乃的电影既可笑又充满幽默,留下一种轻快的极乐感和一种生存之乐的印象。然而这部电影要表达的只是生存之痛。

这就是亚里士多德所说的"**净化**"(*catharsis*)——美学的一个政治思想的概念。

如果说这部电影所上演的生存之痛,它来自原始自恋的崩塌,那么这种生存之痛在这个意义上则是电影人物所共有的痛,也是电影观众和 2002 年 4 月 21 日的法国选民所共有的痛,是理查德·杜恩[①]和许许多多受这个世界羞辱和伤害的人所共有的痛。那么最重要的政治问题,也许是唯一的问题,倘若有个问题仍可以成为政治问题的话,那就是这个**我们的美学**的问题——在这个意识时间和它所形成的精神的工业开发时代,一个缺乏时代的时代,似乎缺乏的是**我们**……

---

① 参见《爱,自爱,互爱:从"9·11"到"4·21"》,同上,第43页。

蚁穴的寓意①：超工业时代个体化的丧失

> 看来没有任何手段能让人用自己的本性去换取白蚁的本性。
>
> ——西格蒙德·弗洛伊德

敬告读者

我将尝试着和你们谈谈当今时代的个体，这个时代我形容为超工业时代。我的论述将从西蒙东提炼出的个体化概念出发——个体化被设想为一个过程，它总是既有**精神的一面，又有集体的**一面——其中**我**和**我们**是同一过程的两个方面，两者之间的**差距**便构成了这一过程的**能动性**。

---

① 本章收录的是一个会议发言，并且做了修改。2003年9月15日，妮可·奥贝尔和弗朗索瓦·阿谢尔在巴黎高等商业学校举办了名为"超现代个体"的研讨会。

西蒙东原则性地指出，**谈论**个体化，也就是说去**认识**它，作为一个面向**我们**的**我**，这就是将它**个体化**，换言之就是追随它，通过此举变易它，使它变易，使它转变。让-弗朗索瓦·利奥塔，即我们所称的"后现代"哲学家，他大概会说：要成就（per-former）它，甚至高度制作（per-laborer）它。可我认为他并不了解西蒙东。如果对个体化的认识在一定程度上总是个体化的转变，那么认识个体化的可能性就成了问题。据此，我在这里所谈论的话题在何种意义上属于一种认识的话语呢？西蒙东明确地做了回答：**我们不能认识个体化**。那么我们被局限于何种话语类型呢？

无论我们是否赋予它"认知"的地位，这种话语都属于某种特殊的合理性，根据这种合理性，在**谈论**（哲学上的）个体化的同时，我就将它**个体化**了，也就是说我把它**独特化**了——并且我**自己**也必然在其中独特化了。在说出它的同时，我就**完成**了它：按照奥斯汀的意思，这实际上是一种施事性（performativité），正如我**属于**那个我所描述的**客体**：我已经**介入**其中。因此我这般参与的个体化就不仅仅是我的个体化，根据西蒙东的理论，它也总是并且已经是一个团体的个体化，我在对这个团体说话，而就在我对这个团体说话的同时，我恰恰归属于这个团体。也就是说**通过**这种面向，我**参与**了它的个体化。

这个团体，就是你们，而你们和我组成了一个**我们**。这一切都表明我说的话都有**政治意义**，从这个意义上说它是非认知的,更确切地说是施事性的(performatif)。这就是我想提前告知你们的东西。

超工业时代个体的扭曲和个体化的丧失

我说的现代性,是指**工业**社会的特征。这就是为什么,倘若要谈及超现代性(这就需要对后现代性这个概念进行认真和仔细的评判,不是全部都要扬弃的①),我们也只能从这个意义上谈起,即从人们所指定的**超工业**社会的特征谈起——这完全是我们以为可以称作"后工业"时代的反面,后工业时代从来就只是一种幻觉。随之而来,无论远近,出于同一原因,"后现代"也是一种幻觉。

《后现代状况》的前几行就说这已经是既成现实,说我们已经进入后工业化时代,无可争议地照搬了阿兰·图海纳的论点,而在我看来正好相反,我认为这个论点无法接受,况且多年来它阻碍了任何政治思想的发展。利奥塔写道:

---

① 针对这个主题,我曾写道:"……宣布一种后现代性作为现代性的出路,这就是借助哲学史的断代过高地估计现代性的定义,同时也低估了工业革命所构成的巨大的决裂效应。卢梭和马克思之间的差距,要比尼采和我们之间的差距大得多。这个评析并不意味着'后现代性'是一个空洞的概念:《后现代状况》是一部重要的作品。然而我们恰恰应当界定后现代性的意义,以及**现代性的失望时代**的含义。"《技术与时间3:电影的时间与存在之痛的问题》,同上,第4章,3a。

> 我们研究的假设是，当知识的地位发生变化时，各种社会同时也进入所谓的后工业时代，各种文化也进入我们所谓的后现代化时代。①

有个注释让读者参考关于后工业时代来临的多项研究，尤其是阿兰·图海纳的《后工业社会》。

我要说相反，我们还没有离开现代性，因为我们比以往任何时候都更加处在**各种事物的工业化**中。显然我们可以提出另一种现代性的定义，即承认社会的工业变易（devenir-industriel）的定义。这样或许就为考察可能的"超现代性"的问题开启了其他的视野。例如我们可以说，现代性是指这样一个社会，其中**计算**通过**普通数学**和技术统治自然的计划成了王者：这是海德格尔的定义。或者我们可以说，现代性的特征是资产阶级上升为资本主义，而资产阶级又物化为社会的工业化。这是马克思的定义。还有控制社会的定义，它显然与这两种思想都有关。

事实上，计算的出现和资本主义的出现是同一变易的不同方面，是由工业革命**具体化**了的变易，把它当作决定性的历史事实，借此确定一个严格意义上的时代。这是要在法律上进一步弄清的东西，这倒不是为了说明这个历史事实已经结束（即我们处在后工业的时代，因此也是后现

---

① 让-弗朗索瓦·利奥塔，《后现代状况》，子夜出版社，1979年，第11页。

代的时代），而是**相反**，因为我们假定它会**扩展、加强、变得复杂**，针对内燃机和电动机时代提出新的问题，因为我们已经进入生态数码时代——具有了德勒兹所说的控制社会的特征。

海德格尔和马克思定义现代性的方式，对我的定义来说是互补的。我认为德勒兹的控制问题也属于这一脉络。（为此，德勒兹可以自称是马克思主义者①，同时坚持说有两位思想家改变了 20 世纪的思想，海德格尔和福柯②。此外，海德格尔还是《差异与重复》的伟大对话者之一。）因此我们将看到，正是借助**计算扩展到生产领域之外并且同时扩展到相关的工业领域**，我们才能把握超工业时代的特征。在超工业时代，第三次工业革命是很常见的，而且这种普及的计算机化，恰恰让计算介入各种装置的**整体性**中，而整体性便是西蒙东所说的**精神和集体的个体化**的特征。换言之，超工业化让一种新的个体形象得以出现，不过这也正是我标题中自相矛盾之处，这样一个**个体形象遭到扭曲**，原因是计算的超工业普及已经成为阻挡**个体化过程的障碍**，而唯有个体化过程才能让个体成为可能。

这就是如此发展的资本主义的一种新形式（里夫金称之为文化资本主义），制定资本规律的不再是企业主生产

---

① "我认为菲利克斯·伽塔里和我，我们一直都是马克思主义者，也许是两种不同的方式，但我们两人都是。"吉尔·德勒兹，《谈判》，同上，第 232 页。
② "福柯和海德格尔一样，他无疑以另样的方式，成为最深刻地创新了思想形象的人。"同上，第 130—131 页。

101 者,而是市场营销。市场营销通过对日常生活的机器化,实现对意识**时间**和身体时间的**控制**——借助所有这些**机械物**:如汽车和洗衣机,电视机和移动电话,电子记事本和电脑,还有家庭影院,这些物品与持存装置相连接,同时也与所有的生命技术装置相连接,即超工业生命权力安置到位的手段。这些装置组成了普通的**器官学视域**,支持或是反对都这样。在这个视域中要为利润而斗争。而就**我们**而言,我们想要保持一个**我们**,就要保持个体的独特性。

个体与机器

西蒙东用工业**机器**来标示现代性的特征,把它归结为一种新型个体的出现。这样,个体就成了**技术的个体**,即机器本身。他在《技术客体的存在方式》[1] 中写道,在机器出现之前,人是**工具的承载者**,他自己就是技术**个体**;而在现代工业时代,工具的承载者是**机器**——人**不再是**技术个体,他要么成为使用者(工人),要么成为集合者(工程师或管理干部)。

102 这里会出现两个问题:

---

[1] 吉尔伯特·西蒙东,《技术客体的存在方式》,奥比埃出版社,1958年。

1. **机器**在今日的个体化中占据什么**地位**——是否有必要谈论超工业的机器个体化？它是精神和集体的个体化的**构成部分**，在这个意义上，**我们可称之为超现代的个体化**。

2. 根据西蒙东的分析，也许会有机器充当的"技术个体"——关于人类个体的思想，通常它意味着什么？这些技术个体如何影响超工业时代的个体？

普通答案的第一个要素：根据西蒙东的观点，从劳动的角度看，工业社会造成了**个体化的丧失**。**工人不再是技术个体**①，因为机器统一了工人的举止形式，工人就这样**成了无产者**——机器成了技术个体取代了工人，而技术个体仅仅是使用者。西蒙东还说，这个"仅仅"被体验为一种侮辱——弗洛伊德试图思考的不满的一个要素。

劳动者举止的机器统一化（fomalisation machinique）源自一种**分析**，其次是一种**综合**——是由**技术科学**实现的**人造物**。顺便提一下，这种形式统一化是一种语法化——选取西尔凡·奥鲁对该词的定义②：作为**连续离散**的分析。我稍后还会再谈这个关键点，以证明语法化（继勒儒瓦-

---

① 这显然意味着工人曾经是技术个体：实际上，我提出了人类个体化的原始技术性，下文中我还会再谈到这个问题；不过必须注意到，西蒙东在这一点上并不是很清楚——尽管他肯定了一点，即他对劳动者的定义是配备了工具的身体。西蒙东关于技术地位的不确定性极大地影响了德勒兹的哲学思想。关于这一点，参见贝尔纳·斯蒂格勒，《技术与时间1：爱比米修斯的过失》，同上；《工业客体的技术催生术》，《围绕吉尔伯特·西蒙东》，阿尔班·米歇尔出版社，1994年；《西蒙东作品中的技术和个体化》，《先将来时》，1994年春；让-雨格·巴德莱米，《西蒙东视域下及视域外的意义和知识》，巴黎七大博士学位论文，指导教师多米尼克·勒古尔。

② 西尔凡·奥鲁，《语法化的科技革命》，马尔加达出版社，1993年。

高汉之后，雅克·德里达曾经思考过这个问题，提出了不同的看法）既是《圣经》中亚伯拉罕子民的构成条件，也是那个"装置"的构成条件，即米歇尔·福柯分析过的希腊城邦装置，最后还有**整个西方个体化过程**的构成条件。

问题是要知道，生物数码的超工业技术是否**继续**或者**完成**这个西方的个体化过程——成就今日地球（即"人类"）技术生活中个体化过程的全球化时代。总之我支持这一观点，即语法化的现行阶段将导向一种个体化的边界，导向个体化的丧失，就在通常精神和集体个体化过程即将完成的**边界处**——不可能的边界，它只可能导向一种反转，在这个意义上是一种"公转"，即到达一个周期的结束处，并在其边界处开启另一个周期；这另一个周期处在某种东西的旋涡中，而这种东西最终会形成一个螺旋体（今天看来可能有点像"地狱"）。

无论怎样，我们都可以看到，**语法化过程**将支持政治的个体化过程，而这个过程像**一系列个体化丧失的连续**，其中超工业时代所特有的个体化丧失是个**极限案例**。我之前所说的当代超工业个体的扭曲，将是个体化丧失的一个新阶段，不过这是个异乎寻常的阶段，它**与机器史的新阶段有关，因此也与技术科学史有关**，而技术科学也是语法化过程的新阶段。

要理解个体化的当前条件，就假定要分析从前的条件，现代性之前的条件：所以我得跟你们谈谈**西方社会长期以**

来的精神和集体个体化，而且它也确实与这个语法化过程相关。为此，我首先要对西蒙东的个体化稍做一些回顾，并且加上我自己的某些研究成果。

个体化和持存装置：个体化的三个分支

在《电影的时间》中，我已经提出：

1. **我作为精神个体**，只能被思考为属于一个**我们**，它是一个**集体的个体**——这个**我**借助它所继承的集体历史得以构成，而在这个历史中，这个**我**的多样性得到认可。

2. 这种继承就是一种采纳，意思是说作为一位德国移民的孙子，我完全可以在某个过去中，在不是我祖先们的过去中认出我自己，我可以将这个过去化为己有，因此这个接纳过程在结构上就是人为的过程。

3. 一个**我**主要是一个**过程**，而不是一种**状态**。这个过程是一种个体化（即精神个体化的过程），因为它有变成单一的**趋势**，也就是说变得**不可切分**。

4. 这个趋势**永远也不会实现**，因为它遇到一个**反趋势**，并且与之形成一种**元稳定的**（métastable）平衡——应当指出的是，弗洛伊德的冲动理论尤其接近这一个体化的动力概念，还有恩培多克勒和尼采的思想也非常接近这个概念。

5. 一个**我们**也是这样一个过程（这是集体个体化的过

程），这个**我**的个体化永远记载于这个**我们**的个体化中，而反过来，这个**我们**的个体化，也只有通过组成我们的有争议性的那些个**我**才能实现。

6. 在个体化中将这个**我**和这个**我们**连接起来的是**前个体环境**（milieu préindividuel），它具有积极的有效条件，属于我所说的**持存装置**。这些持存装置由技术环境支撑，这就是这个**我**和这个**我们**相遇的条件——在这个意义上，这个**我**和这个**我们**的个体化也是**技术系统**的个体化（很奇怪西蒙东没有看到这一点）。

7. 技术系统是个具有特殊作用的装置（任何客体都被纳入其中，在这样一种装置里，技术客体只有与其他技术**客体相装配**后才存在，这就是西蒙东所说的"技术集合"）；步枪，说开去还有与它一起形成系统的技术变易，就提供了构成学科社会的可能性，即福柯[①]所说的学科社会。

8. 技术系统也是支撑持存装置的构成可能性的系统。持存装置来自语法化过程，而语法化过程是在技术系统的个体化过程中展开的。这些持存装置规约着这个**我**的个体

[①] "例如马克思对军队和厂房里规训问题做的绝妙分析。我要分析的军队规训在马克思的作品中没有出现，但这无关紧要。从16世纪末17世纪初开始，直到18世纪末，军队中发生了什么呢？直至当时，军队主要由小型的个体单位构成，这些个体相对而言可以互换，并且由一位长官组织。一个巨大的转变是这些小型单位被一个大型的金字塔形单位所取代，出现了一系列的中层官员、士官和技术军官，主要原因是人们的技术发现：相对快速和较准的步枪。"米歇尔·福柯，《言与文Ⅱ》，伽利玛出版社，2001年，第1006页。

化和这个**我们**的个体化之间的装配，将其纳入同一个**精神、集体和技术**①的个体化过程（其中**语法化**是**技术的子系统**），因此它包括**三个分支**，每一个分支本身又可被切分为过程的子集（例如技术系统在个体化的同时，也使它的记忆技术或者记忆技术工程系统个体化）。

作为选择的个体化

我们已经看到②，一个**我**也是一个意识，它由**第一持存**的时间**流**构成。而第一持存是意识**留存**在时间流的**现在**之上的东西：例如在我意识里某个在场音符中回响的那个音符，它充当着旋律的过渡，这时它前面的音符并不缺席，而且继续在场，因为它通过现在被保留在现在中，尽管它刚刚过去，胡塞尔如是说。作为我**接收**的现象，或是作为我**生产**的现象（我**演奏**或者**听到**的一段旋律，我**说出**或者**听见**的一句话，我**完成**或者**经受**的一组动作或行为），**我的意识生活主要由这样的持存构成**。例如，在听我说话（或阅读我的作品）时，您"首先记住"一些词语，这些词语构成句子，并且形成我所说的话的现在。

---

① 最后这一点将特别在《技术与时间 4：象征和魔鬼，或精神之战》（待出版）中展开论述。
② 见上文，第14页。

但是，**这些持存是一些选择**：您不能记住**所有**可以记忆的东西。① 在出现在你意识中的东西的流动中，你会进行一些选择，它们是真正的持存。这些选择将通过由**第二持存组成的**过滤器得以完成，第二持存是你记忆中保存的持存，它也形成你的经历。我假定，意识生活就是这种第一持存 R1 的装配，经过第二持存 R2 的过滤，而第一持存和第二持存的关系，由我所说的第三持存 R3 超级决定——第三持存既属于技术个体化的范畴，也贯穿于技术个体化的语法化过程。

我们可以把这些关系记着：

R3（R2（R1））

然而还须加上一点，R1 实际上总是一种选择，我们该把它记为 S1 才妥：

R3（R2（R1＝S1））

或者：

（（S1＝R1）＝f（R2））＝f（R3）

显然不应该相信，这样一种流会是一条规则的线。与其说是一条线，不如说是一块布料或者一张网，我称之为我的时间的**布块**，上面绘有**花样**和**图形**。其中的第一持存

---

① 能够作为**关系**记住的东西：第一持存其实是一些关系。例如在一段旋律中，形成音程与和弦的琶音符，或者一个句子中的语义和句法关系。关于这一点，在我主持的声学音乐协调研究所的研讨会上，奥利维耶·拉迪约提议，将组织选择和与语言第一持存建立关系的第二持存，定义为某种民族语的聚合和组合（依据索绪尔的术语定义）的定义游戏。

也是一种强调之物的复现、回归、间奏和**归返**。总之，这个流是一个旋涡式螺旋体，里面发生着各种事件，例如吃一块玛德琳蛋糕。我们还可以展示一点，即第一选择是第二持存的重复，就趁某个东西在第一次被持存于即将出现的东西中之时。然而，出于同一原因，在同一时间：

——**这里只有重复**（一切都是第二持存的再激活，即它的重复）；

——**从来没有重复**（没有什么会一模一样地再次发生，同一个时间客体的重复总是产生两个不同的现象）。

无论如何，第三持存产生于**种类**的后种系生成处境。技术生命就包括这个种类，而与之对应的就是所谓的人类物种：因为它最初由义肢性构成，所以人类物种拥有第三种记忆，技术的记忆，它既不是基因的，也不是后生成的。① 因此仅仅将其命名为一个物种是不够的。后种系生成环境作为**第三持存的集合**，构成了前个体环境的**支撑**，使得种类的个体化②成为可能。与后种系生成时代一样，第三持存形成了**持存装置**。③ 持存装置将召唤一些**标准**：而标准的确定将成为争论的对象。④

---

① 这个理论在《技术与时间1：爱比米修斯的过失》中进行了展示，并在《爱，自爱，互爱：从"9·11"到"4·21"》，同上，第63页进行了概述。
② 参见《技术与时间2：迷失方向》和《技术与时间3：电影的时间与存在之痛的问题》，同上。
③ 参见《技术与时间3：电影的时间与存在之痛的问题》，同上。
④ 参见《技术与时间4：象征和魔鬼，或精神之战》（待出版）。

西方个体化的小小简史 1：语法化

在西方，**这场战斗的剧场就是语法化**（grammatisation）**过程**。这个战役的剧场组成了一场旷日持久的精神之战，期间不断构成**象征**（sym-bole）和**对征**（dia-bole）①，以维持西方精神和集体个体化的**代谢**，就像**趋势及构成其反趋势**②的游戏，这个游戏**原则上是不可约简的**。③

在西尔凡·奥鲁看来，字母表构成一个**语法化过程**（言语声音的**字母变异**）。这个过程先于任何逻辑和任何语法，先于任何语言科学和任何普通科学，这就是所有知识**的技术逻辑条件**（意思是说这个条件已经既是技术的也是

---

① 对征（dia-bole），相对于象征（sym-bole）而言。在古希腊语中"symbole"是给对方留下友善之物，如信物等，后演变为代替一种情感的符号（征兆），即"象征"；而"dia-bole"的意思为"相互投掷"，一般是不友善的语言，后演变为一种对抗的修辞手法。斯蒂格勒在这里借用这两个词，并且赋予它自己的含义：象征是在句段（syntagme）层面的形象比对，以他物比对此物，是一种共时的象征。而对征是在范式（paradigme）层面的形象比对（相互投射），以彼时之物投射此时之物，是一种历时的象征，译为"对征"比较符合原义。斯蒂格勒在本书结尾处说："劳动者只不过是被禁的奴隶，禁止对他们自己以历时的独特方式进行象征化，西蒙东将此称为其个体化的丧失。"《象征的贫困 1：超工业时代》，伽利略出版社，2004 年，第 193 页，即本书第 154 页。——译注

② 关于这一点，参见《爱，自爱，互爱：从"9·11"到"4·21"》，同上，第 74—76 页。

③ 我说的"原则上"，即指个体化的双重连接（用**我们**代替**我**或者反过来只是一个方面）以这一原则为基础，但这一原则也是脆弱的：我的论点是，超工业时代恰恰趋向于违反这一原则，这是一个摇摇欲坠的、难以维持的局面，而相对于这一局面，精神之战又展开了新的一轮全然一新并且仍然无法设想的战斗。

逻辑的了①），它开始于自己的外化。**第三次工业革命**，即信息工程的普及和由此产生的对知识的重新定义，都属于这个语法化过程——更确切地说，属于**语法化的第三次技术革命**。根据西尔凡·奥鲁的定义，语法化的第二次革命是印刷革命。

但是，我并不完全赞同奥鲁对这一点的看法。他局限于语言的语法化，而人的身体，动作所包含的时间序列（声音就是其中一例），还有运动（首先如电影技术②），借助图像和声音，如今也成为语法化的客体。再则，这场语法化的第三次革命始于19世纪初，若对其加以衡量，就不仅要分析伴随可编程机器和数据处理信息出现的**新的离散技术**（*techniques de discrétisation*），还要分析图像和声音的模拟录制技术。

奥鲁的语法化是指对文字进行离散，从而分离文字，文字是构成系统的成分，它具有一定的数目。模拟虽然不能离散，但它通过多次重复，能开启一种针对文字的新型识别：正是在这一点上，本雅明在电影中看到了一种统觉（aperception）的扩张，在这种扩张中，模拟技术导致了蒙太奇手法和混合制作，导致了形成分析系统的各个成分的

---

① 不能把我们这里所说的技术逻辑与记忆科技时代相混淆，记忆科技时代出现在拼音文字和印刷术的记忆技术时代之后。

② 麦克卢汉在这个意义上认为，电影札记就是对生活本身的录制。参见麦克卢汉，《理解媒介》，瑟伊出版社，1968年，第325页。

构成。这就是模拟技术属于语法化（grammatisation）范畴的道理。

这里不能混淆语法化与语法学化①（grammaticalisation）：语法化早于语法理论。西尔凡·奥鲁关注通达语法化权力的历史条件，他确凿地证明了这一点，认为语法化的**技术**实践与各种实用性考虑相联，远远早于它所制约和它使其成为可能的理论。总而言之，不是语法学家创造了语法化，而正是语法化，即作为**本质上是技术**的这个事实，造就了语法学家——我更愿意称之为"文字技术"（diagrammatologie），这些文字技术将在**第二修正**中对语法学家提出批判。

在西方的精神和集体个体化过程的历史中，语法化作为技术个体化的方法，是**控制民族语**的一个武器，并通过民族语来控制精神，即控制持存活动：一种民族语的语法化，就是对该民族语的转变（一种个体化）。通过语法化对一种民族语进行的描述操作，尤其是当它导致一种语法理论时，例如源自兰斯洛语法的**普遍语法**理论，这种描述永远也不可能让语言完好无损。尽管兰斯洛是一位詹森主义者，可他还是支持耶稣会传教士进行的精神殖民化的行为。西尔凡·奥鲁以《马氏文通》为例，他认为这是第一部汉语语法著作，似乎成功地将拉丁语语法投影到了汉语中。

---

① 语法学化（grammaticalisation），语言学术语，最早由法国语言学家梅耶提出，指"自主词向语法成分转化"的一种语言现象，包括实词虚化、句法化现象、词汇化现象等。——译注

这种"扩展的拉丁语语法"的语法投影,他是这么称呼的,竟然出奇地与雅克·德里达所说的世界拉丁化(mondialatinisation)相近。这种语法投影使得西方能够进行它的精神战争,**通过控制精神的象征来确保对精神的统治**,即给精神自身的持存装置**强加选择标准**。语法化是结构的生产和离散(编织着前个体环境和跨个体组织,而技术或记忆技术的装置要承载这些结构)。

这样的结构没有任何人为的东西:例如,主语、谓语以及构成谓语的动词和宾语,这些非常基础的结构毫无疑问都存在于语言中。因此,亚里士多德原则性地提出了区分词类的可能性,建立起一种逻辑,然而这种逻辑却假定,它以希腊语的离散为前提条件。同样,这样的结构并不存在于所有语言中,至少不会以同样方式存在。例如,本杰明·李·沃尔夫就指出,印第安霍皮人没有时间标记。

那么,我们从结构描述中能够获得什么?其意义又如何?当我们知道,卡斯蒂利亚语法学家内夫里哈对各种语言进行描述,意图把它们统一成唯一一种说话方式,他在给西班牙女王的题词中陈言,"语言一直都是政权的伙伴"①,那我们又该做何种思考呢?尤其是在**超工业时代**,**它已经构成语法化的第三次技术革命**,成为控制社会的支柱,那这种结构描述会带来什么后果?

---

① 参见西尔凡·奥鲁,《语法化的科技革命》,同上,第93页。

语法化是通过第三持存系统的技术发展（个体化）而展开的一场精神之战，它标志着构成**西方世界统一性**的精神和集体个体化过程的历史，它通过接纳手段，不断地扩展到普遍的**工业社会**。**这段历史由一连串的个体化丧失组成**，构成了同样数量的**个体化能力的移置**，这种个体化能力就是**负熵力量和语言力量**（puissance néguentropique et idiomatique）。现如今，这段历史到达了它的超工业阶段，对此我认为，超工业阶段是西方个体化过程的一条边界——从这个角度来说，也是西方的终结。而正是在这个意义上，德勒兹才说："我们不再是希腊人，甚至都不是基督徒。"①

尼采也许会这般重复："这是**谁，我们**？"

西方个体化的小小简史 2：个体化能力的移置

在希腊城邦，随着字母表的发明，前个体环境组成了城邦个体所共有的资产，而城邦本身就是一个集体个体化的过程。前个体环境变得可以从结构上进行解释，也就是说由于它的**文字化**，原则上它可供人们（在逻各斯中对其进行争论的公民）进行解读。这意味着**个体化的记忆技术**

---

① 吉尔·德勒兹，《**两种疯狂体制**》，子夜出版社，2003年，第324页。

中介，作为前个体过去的遗产和解释，超级决定了个体化的条件，即在我们时代仍然发挥着作用，我们明确称之为超工业的时代，只是这一次，是信息和通信工程超级决定着个体化。

公元前五世纪，随着诡辩危机的出现，城邦前个体环境的可解释性成为城邦的威胁，城邦深受 stasis，即内战的折磨。① 柏拉图以此为背景并且以此为基础（主要是在《智者篇》里，但不仅如此），对**可解释性**进行了**逻辑约简**。他以这种方式奠定了西方个体化的典型**语法化过程**的**公理基础**。

语法化过程是**语言关系的记忆技术性转变**，一方面，它提供了对**通用民族语**的统治，建立了以语言一致性为基础的王国；另一方面，它提供了以**被殖民者的精神异化**为基础的殖民化过程，这种**针对被殖民者的精神异化将通过强加西方知识技术工程得以实现**，因此被殖民的精神就是"语法化"的精神。

语法化过程是政治权力的基础，这里的政治权力应理

---

① 在这方面，我不赞同埃蒂安·塔桑关于城邦中斗争问题的观点，他在一本新近佳作《共同的世界：斗争的世界政治》（瑟伊出版社，2003年）中做了论述。城邦中的内部冲突，它不是战争，而是政治的构成成分，而政治则是**冲突的和平体制**，这不是 stasis（内战），而是 éris（争执）。关于这一点，参见该专著的后记，第187页。如果说塔桑参照了柏拉图《理想国》中的 stasis，这并不是巧合：这里提到的全部政治不仅旨在消灭冲突，而且要消除律法解释的**多样性**。因为柏拉图认为，这种多样性是团结的敌人，而城邦必须团结，所以他便谴责诗人、戏剧、绘画、文字、音乐上的弗里吉亚调——这个调里的 triton diabolicum（魔鬼式三全音）是美国黑人音乐蓝调的基础，也是阿多诺听不懂的这种爵士乐的源头，这对他而言也许太出乎意料了。

解为**对精神和集体的个体化过程的控制**。超工业时代以语法化过程的新阶段的展开为**特征**，但更加扩展，如普遍意义上的举止、行为和动作的离散，它已经扩展到各种领域，远远超出了语言的范围：这也正是从福柯开始谈论的**生命权力**的起因——它同时控制着意识、身体和无意识。

但是由于无意识是不可控制的，控制社会便成为一个新型的审查社会，它不可避免地孕育着一种**冲动性爆发**——在此之前，已经有近千种或多或少起缓解作用的补偿话语形式，所以这里的问题不是害怕或者希望什么，而是要"寻找新的武器"，也就是说要战斗，不管我们有多么懦弱。因为这也关系到"生为人的耻辱"。

在古希腊时期，出现了充当政治的逻辑。而我们自己经历的时代，则以逻辑被数理逻辑（logistique）吸纳为标志。这种吸纳导致对**投射**的**简约**——投射就是设立标准，我这里想到的是原始自恋以来的投射——想到的是**一种计算**。对计算而言，不再有什么不确定性，即不再有独特性。我这里丝毫没有这个意思，即计算是阻止投射的东西。相反我还详细地做了展示，为什么**任一**投射都要假定一个计算。我是想说，掌握计算控制具有**熵**的性质，因为计算已经成为生物电子机器技术，**它唯一的动机就是积累资本**。在这里，源于犹太希腊语法化的字母数字的确定，它产生出一种负熵，而负熵构成了政治的精神和集体个体化的动力。

投射会假定一个计划，而将它**约简**为一种计算，就意味着这个计划严格来说，不再是面向未来的开口，因为未来本质上是不确定的，所以也是不可计算的，计算甚至还可以将未来强化成一个独特性的装置。① 因此我在《电影的时间》中指出，这种约简是超工业时代的典型现象，它假定一种超共时化（hypersynchronisation），而控制社会的真正现实就是超共时化。它也是**一种矛盾的象征（共时化总是针对象征的）向对征（*diabole*）反转的迫切可能性**。这个**我**和这个**我们**，实际上已经不能再进行投射，它们注定要被去构成（dé-composer，即去分解），这恰恰就是 *diabelein*（对征，即相互投影）的意思。

从其第一时刻起，语法化过程就倾向于共时地**控制**个体化。这个**我们**总是这样，它通过唯一的同一个运动，但每一次又都是独特的运动（作为精神和集体个体化时代的典型的**我们**，在每个时代究竟是什么？——比如希腊的**我们**），它总是共时化和历时化的装置，即这些**趋势**组合的区别化装置。其中的标准以这个双向趋势的连接和组合方式为主要特征，这个共时和历时的双向趋势原则上是不可约简的。

至少从腓尼基人开始，共时化就是一种语法化，意味

---

① 这正是我在《技术与时间》的前两卷中试图论述的主要观点。

着一种**连续的离散**①，它是**言语的时间流**。这在希腊 *polis*（城邦）的产生中尤其明显，我们把它看作"**古迹打字机**"——借用马塞尔·德蒂安的表述。这个语法化过程，作为自人类化以来的技术和记忆技术的演变阶段，它的出现就表现为技术个体化过程，同时支撑和干扰着精神与集体的个体化。

在《电影的时间》②中，我提出了这个观点，**记忆技术**，尤其是源于字母表创造的记忆技术，相对于**技术系统**的演变，在相对独立地发展。技术系统经历了一系列时代和变化，而记忆技术系统只是进行着边缘性的改变——直至 19 世纪出现了工程技术和信息通信工业：此时发生了一次聚变，持存装置的记忆技术系统聚合到普通工业商品的生产技术系统中，这种聚变直到 20 世纪才充分展现出它的后果，体现在该世纪的方方面面，形成了一个巨大断裂，因为对操控持存装置的标准的控制，完全转到了资本投资的一方。

这也许就是所谓超工业化的决定性特征。因为其目的

---

① 这种语法化是一个文字的时代，也是雅克·德里达在《论文字学》（子夜出版社，1967 年）中提出的理论。西尔凡·奥鲁意义上的语法化概念多归功于德里达的研究，但仍需要对德里达的文字学加以复杂化，特别是第三持存义肢性的整合。我在《解构的可靠性与信仰的义肢》中草拟了这样一个规划，《他者》，第 8 期，枫特奈高等师范学校，2000 年，第 199 页。

② 《技术与时间 3：电影的时间与存在之痛的问题》，同上，第 199 页。

主要在于控制所有的持存过程，包括最隐秘的东西，包括意识和身体，因为它们原则上**主要是私密的东西**——然而这样就失去了它们的私密性。

从19世纪末开始出现了信息通信技术工程，产生了一种第三持存，它彻底改变了语法化条件，因此也改变了个体化过程。在古代，作为**信徒**的个体接替了公民，随后到了19世纪，**劳动者**接替了信徒。然而这个劳动者**逐渐被机器去个体化**，而劳动的贬值成为不可避免——从"碎片化劳动"到高管人员的压力，人们越来越无动力，越来越工具化；似乎出现了一种**领导型劳动者的机器变易人**、"高管人员"的**机器变易人**（这也是对西蒙东所说的某种东西的反转：他还认为领导者可能承担集合的角色）。从此以后，**在超工业社会中，个体主要是个消费者**。

不过，消费似乎倾向于**取消我和我们之间的差异**，这样就**不再有个体化**，不再有精神上集体的个体化，而只有我所说的**大家**①。

---

① 参见《爱，自爱，互爱》，同上。这一**大家**具有自身的力量：如同布朗肖所说，"大家在死去"。大家处于个体化的**极端**，正像个体化处于它的边界那样，这也就是个体化的一种**真相**。这是贫困的力量。然而它要成为力量，就必须是一种充当贫困的思想，或是**思想的贫困**——以及思想的**极度愚蠢**的条件。这种愚蠢有时来自原始的缺失，我们这个**物种**仍旧处在原初技术性的缺失中。我将在《象征的贫困2：感性的灾难》中论述这一点。

生存之痛与付诸行动：作为被"大家"扭曲的个体的消费者

影响当前时代的生存之痛具有这样一个特征：**我越来越无能，我越来越艰难，甚至我根本无法再把自己投射在这个我们之中**——不比普遍意义上其他的**我**更强也不更弱。

这个**我们病得很重**①：持存装置的屈服②，因为没有持存装置就没有精神和集体的个体化③，它屈服于市场的绝对内在的一个标准，屈服于市场的成为霸权的紧迫需求，它使**投射过程变得几乎不可能**，而这个**我们**正是借助投射过程，**一边个体化一边逐步形成**。关于持存装置的文化霸权，即葛兰西在20世纪30年代就开始创建的**文化霸权理论**，如今却由资本在系统地实施，**阻碍着个体化的继续**。个体的生存之痛，源于这个事实状态安装就位的痛苦，将表现为生理病变、神经质、强迫症行为、补偿或者逃避行为，抑或是各种合理化、模仿性或者反应性多言症，还有极端情况下的个体或集体的自杀行为，无论是帝国国家还

---

① 关于这个**我们**的疾病，参见芭芭拉·斯蒂格勒，《尼采与肉体的批判》(待出版)。
② 关于这一概念的详细叙述，参见《技术与时间3：电影的时间与存在之痛的问题》，同上，第209页。
③ 同上，第147页。

是附庸国家或是恐怖组织，都有可能。

我想我在多个场合展示过，尤其是在《电影的时间》中，电视的 R3 对 R2 的控制导致了超共时化过程，使得视听节目所构成的工业时间客体的消费者倾向于渐进地接纳相同的第二持存，也就是说在第一持存中进行同样的选择。由此产生了个体的独特性的丧失，就像德勒兹和伽塔里所说，个体变成了"可分体"①，也就是一种**去个体化**（*désindividuation*），以至于个体的自恋能力首先激增（包括劳动中一些管理人员所特有的超自恋），然后彻底崩塌②：由于没有了独特性，他们便借助市场所提供的人造物努力使自己独特化。市场就是要开发利用消费所特有的这种贫困，让自恋达到过度和劳而无功，众多个体将体验他们的失败，最终失去他们的形象：他们不再自爱，并且越来越无法去爱别人。这便是大溃败，而伟哥和色情网站倒是一派繁荣。

至于当代艺术和电影中那样的黄色问题，我将在最后一章谈论。③

之所以出现这些现象，是因为面对现代性，特别是超工业化，意识时间已经成为元市场（méta-marché）。④ 针对弗朗索瓦·阿谢尔 2001 年在瑟里西提出的现代性定义，即个性化、合理化和区别化，我还得加上工业产品的"系统的接

---

① 参见吉尔·德勒兹，《谈判》，同上，第 246 页。
② 关于全部这些问题，参见《爱，自爱，互爱》，同上。
③ 参见下文第 163 页，以及《象征的贫困 2：感性的灾难》，同上。
④ 参见《技术与时间 3：电影的时间与存在之痛的问题》，同上。

纳组织",也就是消费的组织。① 超工业时代在于这一事实：通过市场的大众化和全球化实现的规模经济，特别是借助于工业时间客体，它已经变得比生产率的盈利更加重要。

意识对工业客体时间的屈从导致了自恋，而对这种自恋的清算也会波及这个**我**和这个**我们**。这就意味着，如果这个**我**的个体化就是这个**我们**的个体化，并且反过来，两者不可分离，即这个**我**只能存在于这个**我们**之中，而**我们**只能由**我**构成，那么对这个**我们**个体化的阻碍也必然是对这个**我**的个体化的阻碍，即这个**我**的纯粹痛苦。当这种痛苦直接表达出来的时候，将导致完全无法控制的付诸行动，导致完全不可预料和极具毁灭性的行动。

如果说意识的构成确实是历时的、独特的，由它本身的时间所推动，那么《电影的时间》中描述的工业共时化就会导致一种**去意识化**（déconscientisation），这也是一种**个体化丧失**。个体化丧失可能造成一些极端后果。例如我试图证明理查德·杜恩**并不存在**：这至少是他在日记中写的意思。没有自恋，也不自爱，因此也不尊重任何人。然而他知道**不可抗拒的存在需要**，即他所写的"有那种感觉"的需要。正是这种矛盾，正是这种需要的存在，没有自行满足的可能性，因为满足这个的条件，由于缺乏个体化能

---

① 关于消费作为接纳的现代模式这一问题，参见《技术与时间3：电影的时间与存在之痛的问题》，同上，第3章。

力而已经被摧毁,**个体化能力也是一种历时的威力**。正是这场个体的悲剧,如今广泛出现的悲剧,使他成为罪犯。杜恩是其中一个付诸行动的人,而有上百万其他人也经受着痛苦,他们忍受着被那个**大家**取消和转变成**谁也不是**的痛苦,他们是潜在的无数个杜恩。

将所有意识共时化,就是取消我所说的原始自恋。当意识成为工业系统开发的对象时,而这种开发又唯独存在于共时化过程中,自爱就被摧毁了。因为感到自己的痛苦,意识便无法继续忍受:它身处难以忍受之中;由于不能承受,由于不能存在,由于不能再将自己投射到一个已经变成**邪恶**的世界中,所以它就不再能忍受他人,在这种危机的最糟糕表达中,它将**消灭**他人。这种对**他人的消灭**也是对**我们**进行消灭的先兆,包括作为我们的我们和作为**大家的我们**。其他人在这里就是被摧毁的**我们**的形象,因为这个**我们**不再进行个体化,它本身就是摧毁我们的东西。

这便是被否认的个体的**分体**命运,因为个体已经成了纯粹而又简单的消费者。

从个体化丧失到可丢弃的变易

这个**大家**意味着个体化丧失,我假设个体化丧失也许是对个体化本身的一种清算:这个**大家**将是对构成差异的取消。

可是，个体化和个体化丧失是**不可分离的**。也就是说，**要让个体化产生，也必须让个体化丧失产生**。勒儒瓦-高汉在谈及种族出现的问题时说的话就很典型，随着装置个体化（换言之是区分化）的移置，即从燧石和树皮装置向种族和技术系统装置的转移，种族变成了独特性的场所，并且在镜像中产生了分化，与技术分化①形成表面的对立，而技术分化也是其领土的扩展。然后从种族走向公民，随后西蒙东又说，从公民走向机器，作为现代性特有的个体化丧失，这是我们已经考察过的问题。这也是语法化历史所表现的问题，尤其是言语时间流的字母离散，它以通用语的语法和民族语的同质性为代价，使得政治的个体化凸显出来。

今天，有必要研究一下这些毁灭和加强所发生的场所。为此，显然必须思考在何种程度上可以谈论一种集体个体化的崭新形式，而其**商标**（由市场营销产生——"商标"这个名称本身就值得好好评论一下）将成为载体。这是生产企业组织的个体化崭新形式。生产企业将生产集体个体化的系统，让其充当取代政治单位的**经济单位**，与其说是通过劳动还不如说是**通过消费**，因为消费比劳动**更加稳定**——人们不断地消费——然而消费生产的却是一些极其

---

① 关于这一点，参见《技术与时间1：爱比米修斯的过失》，同上。

脆弱的个体化过程,例如作为市场营销所组织和控制的接纳过程,这些过程最终会取代精神和集体的个体化,例如民族的个体化。

这样的个体化过程,如果我们仍可以称之为个体化的话(我对此极度怀疑),将假定一些网络——在某种情况下就是特许经营的销售网络,其中电视网络以工业时间客体的形式承载着广告陈述,它是效率的条件。关于这个主题,我们还注意到娜奥米·克莱恩和杰里米·里夫金①的许多注解。Life time value 的逻辑就是忠诚的逻辑,即通过**我**对**我们**的个体化依恋实现的忠诚逻辑,而这个**我们**却完全是由**产品或者服务制造出来的**,或是系列商品和服务**制造的**。

然而我要提出,这种个体化实际上可能是一种去个体化,导向我下面所说的**节肢动物倾向**。因为市场营销所产生的个体化类型似乎成活率不高,而且寿命似乎非常短暂:它们是**可丢弃的**,就像它们所生产的所有东西。可丢弃性就是它们的逻辑——这就是汉娜·阿伦特在谈论她的可持续性概念时所预料到的东西。还有一个向边界过渡的问题,即系统的**生态学**的问题。

130

---

① 娜奥米·克莱恩,《拒绝品牌》,南方文献出版社,2001 年;杰里米·里夫金,《访问时代》,同上。

网络中的注意力、持存和前摄：吸血鬼化

"倒是消费者的**注意**能力，而不是原材料，成了一种稀缺资源"①，里夫金在描述我前面提到的超工业社会的特征时如是说。**注意力不仅被截取，而且通过工业时间客体，由持存和前摄**（*pro-tentions*）**的控制所生产。**

这种被当作控制手段而对注意力的截取，完全可以是《千高原》② 意义上的捕获［在西蒙东看来其实就是转导（transduction）］：我们在这里看到，捕获将推断出一种节肢动物变易（蚁穴），处于结合环境的模式下（根据西蒙东的概念），那里的消费者成为网络的生产者，**他**在**网络**中消费，同时**网络**也在消费他（消费并耗尽他的欲望）。

节肢动物的周围都是义肢，好像它的义肢甲壳从此以后都覆盖着它的肌肉，而汽车里的消费者就像滑稽的寄居蟹在它的介壳里面一样，这实际上构成了昆虫和节肢动物的特征，节肢动物在这里在蚂蚁和蜘蛛之间摇摆不定，关于蚂蚁我还会再谈。而蜘蛛在它的蛛网上，万维网上。可是一只自食其身的蜘蛛，它是一只自体吞噬的蜘蛛，具有

---

① 杰里米·里夫金，《访问时代》，同上，第126页。
② 吉尔·德勒兹、菲利克斯·伽塔里，《千高原》，子夜出版社，1980年，第17页。

熵的性质。换句话说，消费者被他所消费的东西所消费，这就是**吸血鬼化**，这种变易是（**近乎**）**完美的控制**的变易，以至于厄洛斯和塔纳托斯都在这里被取消了——成为一种趋势，这种趋势进行着组合，表演着重复，在其张力中承载着个体化（差异）的动力。①

注意力从两面看都是一种对**持存的抓取**，既**在**注意客体之中也通过被注意**客体**而进行：**在**和**被**是同时进行的，一方面，既然注意是聚精会神的，注意从客体中**留存的东西**就处**在**客体之中；另一方面，注意是聚精会神的，因为它处于期待中，所以在现象学的术语中，注意被它的**前摄**所**前摄和前持**（*pro-tendue* et *pro-tenue*），客体被构成注意的客体，恰恰是通过**先于客体的期待**而实现的，期待先于客体，作为与注意构成的未来的关系。在这个意义上，期待中的注意将**被**客体所抓取。

前摄使注意紧张起来，并且使之保持注意状态，在某种程度上保持警觉状态，形成了期待者的警惕状态，但前摄本身却**封存在持存中**：前摄就是过去的持存能够投射未来的东西②，就像我在前面所说的第二持存中的经验积累，即期待的视野形成的第二持存，某种程度上是持存的残余

---

① 关于这些问题，参见吉尔·德勒兹，《差异与重复》，法国大学出版社，1968 年，第 27 页。这里需要指出的是，捕获装置完全可以具有熵的性质。
② 持存和前持之间的这些关系由认定综合所控制，即康德在《纯粹理性批判》中定义的综合，但是我根据第三持存的概念对其进行了批判。至于前持在持存中的东西，我在《技术与时间 5：必要的缺失》（待出版）中把它分析成原型和创伤的游戏。

这一负片的正片。持存残余将意识以第二持存的形式构建成过去的经验记忆。不过我们已经知道，这些形成前摄的第二持存，它会对第一持存进行过滤，预先让出（précèdent，即先于）注意客体的可能性。

〔这些第二前摄，在第一前摄客体中遇到的第二前摄，它由客体的结构本身推导出来——就像第一持存假定一个客体结构，如一段旋律中两个音符形成一个间隙——它本身先于我命名的超前摄（archi-protention）：它来自意识承载的冲动资产，但这个冲动资产是无意识的，弗洛伊德将其命名为死亡和生命的冲动。这个冲动资产根据第二持存的变化，在每个意识中独特化，因此第二持存能够构成第二前摄。希区柯克在电影中对这一点理解得非常透彻。〕

尽管如此，注意就意味着**在客体上**的投射，这种投射构成**第一持存**：第一持存是注意的共同持存（con-tenu，即内容）——即期待的内容——或者可以说是它的固摄（contention）。不过，这个注意所构成的期待，是针对某个内容的期待，这个期待绝妙地开启了意识，使意识注意到自己的客体，"意识到"自己的客体，它是记忆技术能够像注意一样"抓取"的东西。然而这个形成注意的期待，却成了超工业时代典型的超共时化要逐字逐句削减的东西，因为超共时化是持存装置的计算结果，而持存装置使理论上独特的持存资产标准化——根据持存资产，**确切地说正是由于它们的独特性**，注意意识从自己携带给另一方的注意中认识到某些它们自身的东西，成为反照它们自身相异性的镜像，反照出它们变易的可能性，即它们个体化的开放着的未完成状态。

正是因为截取意识的超工业持存实际上使意识变得虚弱，最终将意识耗尽，所以意识会"变换频道"：系统在截取注意的同时也在**摧毁**注意，而且趋向于制造不注意，即它所寻找的东西的反面：一种绝对的离开牵引（distraction，即分心），一种**毫无吸引力的**分心。由于受到持存标准化的去个体化，媒体意识变得也趋向于不再投射它越来越缺乏的前摄。彻底的溃败。

因此，超工业持存装置也在试图创造新型的注意截取方式，如充分利用数码媒体进行市场（即意识）的超级切割（hypersegmentation），借此实施载体截取的"个性化"。

意识的注意由**网络**进行截取和生产。网络构成了机器技术系统最先进的阶段——机器技术系统已经成为记忆技术系统，将物质财富的生产和象征的生产以工业方式融为一体。不过，**网络发展的阶段是这样的阶段，需要把它当作技术个体化来进行分析**。更确切地说，**技术个体不再仅仅是机器，而是构成网络的技术系统**。① 从此以后，精神个体化和集体个体化将铭刻于网络中，并且服从于网络的具体化，这也是西蒙东的用意，他曾经将机器的个体化描

---

① 我在《技术与时间 1：爱比米修斯的过失》中特别对这一论题展开了论述。

述为一个**具体化过程**——我认为,这个具体化过程是对已经回顾过的语法化过程的继续。

前个体环境的通达模式的标准化与独特性的特别化

网络的"用户"或者"收信人"成了网络的功能成分①:西蒙东以潮汐发电厂为例说明,水,作为**自然地理环境的成分**,成了一个**功能**成分,即君堡涡轮机的**技术**成分,海洋变成了结合环境,西蒙东称之为技术地理环境,而信息通信工程将它的用户变成创新功能,使之自行适应其行为的演变,借助的是行为分析技术和综合技术。在这里,兰花的等价物,就是夏吕斯②雄蜂(或黄蜂)的能量捕获装置,它通过对持存的共时化,从这个黄蜂等价物中汲取能量。这时的持存差异与其他雄蜂的持存靠近,靠近其力比多的运动性潜力,而这种运动中充满动机,形成其幻象的独特性。这样,就有了**消费者**(用户、对象等)及

---

① 我在《技术与时间1:爱比米修斯的过失》中也提及了这种演变。关于这一点,参见帕斯卡·若利韦的文章,见克里斯蒂昂·艾泽斯、安东内拉·柯萨妮、帕特里克·蒂埃德(主编),《走向一种认知资本主义》,阿尔马丹出版社,2001年。

② 夏吕斯雄蜂出现在普鲁斯特的作品中,而黄蜂则出现在沙文和德勒兹的作品里面。"兰花解域而形成一个形象,一个黄蜂的仿图;然而,黄蜂在这个形象之上再结域。但黄蜂也会被解域,其自身变为兰花的繁殖器官的一个部件;然而通过传播其花粉,它使兰花再结域。兰花和黄蜂作为异质性的要素,形成了根茎。"德勒兹和伽塔里,《千高原》,同上。

其"意识"的**功能融合**,就发生在人文技术地理(不再仅仅是物理地理)的新型现实所构成的结合环境中。这就意味着**历史和象征的环境也被功能化**,以至于**用户成为服务于自己的系统的功能**——它自身的个体化服从于网络的个体化,德勒兹和伽塔里引用沙文的话说,"两个生灵之间绝对没有任何相关之处"。虽然这并不是绝对的事实,可这确实是个有待思考的问题。

至于用户消费者对网络构成的**具体化过程**的服从,我们将看到,这一过程对应于蚁穴的捕获过程,它提出了一个**力比多生态学**的真正问题。利奥塔在他的《力比多经济学》①中也许已经朦胧地看到了这个问题。

这些就是用户配置系统、遥控系统和人机交互系统,它们在功能意义上开发出返回路径、精准实时制、地理定位,其中**访问数据库的人本身就是一个基本的数据**等。此外我还坚持认为,这就是要建立一些**日历性和方位性的新型形式**。②德勒兹就控制的方位性问题做了如下表述:

> 无须科学幻想便可设计一种控制机制,这种机制每时每刻都在指明开放环境中某个成分的位置,指明保护区中某个动物的位置,指明企业(电子圈)中某

---

① 子夜出版社,1974年。
② 参见贝尔纳·斯蒂格勒,《技术与时间3:电影的时间与存在之痛的问题》,同上,第3章;《时间之战》,见吕克·格亚德齐因斯基(主编),《连续的城市》,黎明出版社,2003年。

个人的位置。菲利克斯·伽塔里想象了这样一座城市：在这座城市里，每个人都可以通过其（个人的）电子卡离开其居室、街道和社区，这张电子卡可使这个或那个栏杆抬起，电子卡还可以在某天或者在某个时间内被拒卡而吐出。重要的不是栏杆，而是能测定到每个人位置的计算机，无论其位置合法与否，计算机在进行着普世的调频。①

根据这种逻辑，**分离**是可能的，也就是说近来的科技发展使得人们可以构想这样一种技术系统的转变，这种技术系统允许创造新的个体化过程，允许独特性的重新投入——还有用户的用途和知识的功能整合模式，而这些正是自由软件共同体所开发的用途和知识。不过，技术的演变能让与大众化模式相断裂的前景成为可能，**也能使个体化的丧失面临闻所未闻的恶化。**

作为个人化（personnalisation）的个性化（individualisation）、*one to one*（一对一）、市场的超级切割等，都是通过数字语法化进行的转变，是从**独特化**（*singularisation*）到**特别化**的转变，数字语法化的控制效率变得无限强大：它**以施事方式**制造出能自我生成（通过**自行组织**）的各种模式，并且把这些模式投射到网络中，就像兰花投射黄蜂

---

① 吉尔·德勒兹，《谈判》，同上，第246页。

的形象，然后这些模式就很"自然地"被接纳，精神、集体和技术的个体化过程本身就是接纳过程。个体化中所有运动的数码离散，实际上能够让人们对这些活动进行**求和、处理、计算与模式化**，同时制造出**类别吸引因子**。

但是，独特（singulier）的特别化是前个体环境通达模式的标准化，它先于并且制约着精神的个体化和集体的个体化，因为两类个体化是同一个过程的两个方面——**经由语法化，即个体化第三分支的具体化**。这也意味着一种清算的趋势，即清算西蒙东所说的跨个体（transindividuel），跨个体就是在**我**和**我们**之间的共有个体化（co-individuation），并且永远处于其差异的无限张力（和注意）中。在这个方面，关于认知（或"非物质"）资本主义的相关研究所提出的分析，如主体化的新型过程，在我看来虽然引人入胜，却又缺乏说服力：在调集各种特殊资源的地方，在邀请劳动者在劳动中"生产自我"的地方，那里就有系统的开发，通过"人力资源"管理技术对劳动者的身体和精神进行普遍化沮丧的开发。而这种管理技术会引起**补偿性超自恋行为**和广为人知的**过度活跃症**，这些疾病事实上只是在预备或者预告精神和家庭的崩塌，即压力对个体的消磨所造成的崩塌。在这个方面，对捕获装置的合法化显得尤其天真。关于这一点，穆里尔·孔布和贝尔纳·阿斯佩就写道：

……不是个人内化了"企业文化"，而是企业从此以后努力将文化推到"外部",即进入每个人的日常生活层面,即生活所需的技能和能力。①

因为这里面临的第一个问题便是超工业化,即日常生活工业化造就的超工业化,将"每个人的"日常生活格式化,使之成为功能性的生活(尤其是**通过**这些义肢,不加区别地服务于劳动生活和私人生活,例如移动电话),使日常生活服务于企业生活,为企业服务。在控制社会中,企业取代了工厂。象征的贫困既是这些环境的贫困,也是其他"资源"的贫困,还是郊区少数族裔区民众的贫困。

语法化的超现代阶段,作为计算的普及化

人类的前个体环境,作为**我们**在其中进行个体化的环境,它构成一种跨个体性(transindivudualité)——不同于动物的个体化,人类的个体化(理解为未完成的运动)是整体和持久的,其元稳性(métastabilité)并不取决于承载动物前个体资产的物种的相对稳定性。亚里士多德在《论灵魂》(Peri psukhès②)中就已经预感到这一点——精神集

---

① 转引自安德烈·高兹,《非物质》,伽利略出版社,2003年。
② 亚里士多德,《论灵魂》,经典文学出版社,1966年。关于这一点,参见贝尔纳·斯蒂格勒,《付诸行动》,伽利略出版社,2003年,第30页。

体的跨个体性由第三持存所承载,而技术客体最初就在于第三持存(技术客体是后种系生成的)。这就是西蒙东没能联系起来的东西,尽管他实际上已经写到了这一点,但他几乎丝毫没有察觉到。①

这就意味着不是一种双重个体化,而是**三重个体化:精神的、集体的和技术的**,任何一种都不能单独进行考量——它们是**三个分支**②的转导关系(relations transductives)。在技术个体化的过程中,在新石器时代,出现了记忆技术子系统的个体化,这个子系统脱离了通常由技术个体化形成的**技术系统**,语法化的过程将在这个系统中展开。当工业和机器时代来临时,《技术客体的存在方式》中所描述的具体化过程得以进行。而机器具体化的发展导致技术系统的网络变易,使得记忆技术演变为记忆技术工程,记忆技术工程又在功能方面与技术系统融合,并由此产生用户消费者。这段变易的整体本身都由语法化过程指挥。③

当今的个体化丧失处于这样的语法化阶段,其中**精神、集体和技术机器的三重个体化,通过计算在普及着形式化,**产生了它所包含的施事效应(effets performatifs),这种(无)意义的效应从最深处影响意识——在它们最**私密**的情

---

① 吉尔伯特·西蒙东,《技术客体的存在方式》,同上,第247页。更加深刻的评论可参见让-雨格·巴德莱米,《西蒙东视域下及视域外的意义和知识》,同上。
② 关于这种三分性,参见尼古拉·萨尔兹曼,贡比涅技术大学人文科学与科技1994年。
③ 这是马克思主义**无法**想到的,因为它将经济基础与上层建筑**对立**起来。

感里，作为无意识持存与前摄的聚生体，也就是说嫁接在它们的冲动资产之上，以至于冲动资产构成了跨个体化最深层的前个体现实。

而从古希腊直至 20 世纪，语法化都在对民族语进行描述，并且在描述的同时篡改它们，以便控制它们。而语法化的超工业阶段必然导致**读者本身的形式化——以及形成个人语法的这一读者的形式化**，例如在变成超文本的文本领域。超文本可通过"搜索引擎"的中介进行访问。

勒儒瓦-高汉是最先谈论超文本的人。他指出在 16 世纪，随着图书馆的发展，以卡片、目录、索引等形式协助阅读的导航变得必不可少。① 在他看来，这些形式属于神经系统的外化，又由想象系统加以延伸：从材料卡片和机构名单到今天的"磁带库"，② 组成了全球联网的数字系统，中间还出现过提花织机和打孔卡带系统（1887 年），即霍尔瑞斯机器，这都是阅读功能和计算功能的同一种外化过程。

然而，在超工业时代，这种外化不再容许与其相关的内化，例如历时化，它通过内化一种共时结构，通过民族语化（如个人话语），去标示历时化的独特性，因为历时化

---

① "数十年内，社会记忆在书本中吞下整个古代时期、伟大民族的历史、最终确认为球形的世界的地理和人种学，还有哲学、法律、科学、艺术、技术以及从二十多种语言中译来的文学。这一洪流将扩大到我们周围，但是会遵守所有的比例，人类历史从未有一个时刻经历过这种集体记忆的飞速膨胀。"勒儒瓦-高汉，《手势与言语》，阿尔班·米歇尔出版社，1965 年，第二卷，第 70 页。

② 勒儒瓦-高汉，《手势与言语》，同上，第 70 页。

在于清算作为色情条件的自恋,而色情本身又是任一内化的条件:外化过程所运用的标准发生了变化,因为它的霸权需求成为接纳过程的最大优化,而接纳过程从此以后被设计为消费。**神学、认识论和政治标准,因为它们每次都投射出跨个体独特性的若干形式,所以它们都被扬弃。**①

〔似乎随着上帝的死去,还有 polis 和 épistémè 跟着去世(dé-cédés,即逝世),也就是说作为纯知识的科学——"纯"在这里是自由的意思,即与发展和工业技术脱离了一切关系,甚至与 tekhnè 脱离了关系,tekhnè 最初被认为是**知识,即工艺**。这里或许**充分**提出了"美学"与"政治"的关系问题:我们或许正在经历政治的终结,也就是西方典型的精神、集体和技术逻辑个体化过程完成的时刻。而在这个时刻,**因为**美学领域被生产的经济领域所吸收,我将其称为这个**它**的吸收。然而恰恰在这里,美学和政治也许会通过缔结**另外**一种关系来发明出**新的名字**:因为今后美学的问题是**世界性**的问题,这是另一种处于期待中的宇宙(kosmos)的思想,是任一**世界创造意义上**全球政治的**未来**。〕

现在必须谈谈**读者的形式化**。计算机辅助导航装置将对阅读行为进行外化和形式化,因此阅读行为也就被**分类**。

---

① 从现代性表现出来的时候起,这就已经在酝酿之中了,我在《象征的贫困2:感性的灾难》中还会再谈。但是,生产系统和记忆技术系统的融合实际上直到20世纪末才发生:超工业正在于此。

这些分类可以非常简洁（例如用户配置），或者更加复杂（我自己将其概念化为"作者社会"①）。例如这些分类旨在对读者共享的知识共同体进行分类（也就是说将跨个体第二持存形式化和"第三持存化"）。我做出如下假设，即这些类别仅仅处在初级阶段，它们还将走得更远（例如它们会导向"作者社会"，导向**读者的社会**，这些读者武装了**形式化的手段，能够自己将自身的特殊阅读写入已阅读的**数据中，使得这些形式化可以互助，构成数据浏览的辅助装置）。但是反过来，在目前，倒是搜索引擎体现着这些趋势，它要的效果不是形式化和强化独特性，相反倾向于减少独特性，如通过加强模仿行为，以及将收视率逻辑推广到所谓个性化的访问程序中——谷歌便是如此。

数字外激素

语法化通常会改变它形式化的东西，无论是在共时化意义上还是在历时化意义上。这样，希腊语的语法化使得公民形象出现，即强化了它作为政治个体的历时力量。但语法化同时也使得对通用语言的清算成为可能，并最终导致象征功能的外化。如在超工业时代，这种外化似乎引起

---

① 参见贝尔纳·斯蒂格勒，《"作者社会"和"定位的语义"》，见雅各布（主编），《亚历山大派Ⅱ：作者的变形》，法国国家图书馆，2001年，第297页。

了熵，也就是说导致历时性被超级分割彻底清算掉，类似于对独特性的特别化。

一位读者，或者更普遍意义上的说话者（这适用于任何能指结构），他承载着自己特有的个人语言的语法，也构成他的独特性，与更加民族语的语法和或多或少接近民族语的语法相呼应。个人语言性（idiolectualité）是指任一地方民族语的境地，这是相对于包括它在内的更有同一属性的民族语而言的。这种从专门到同一或者从历时到共时的关系，恰恰就是能将西蒙东所说的概念形式化的东西，它充当着**我**和**我们**的共个体化（co-individuation）。但是在机器外化的当前阶段，个体化的丧失至少是一种倾向性混淆，即**我**和**我们**趋向于融合到**大家**里面：这就是由此产生的**民族语枯竭**，随之出现的是自恋的丧失和个体化的阻断。不再有个体，而只有聚生的、部族化的特殊体，这些特殊体似乎导向一个类人的（anthropomorphe）社会组织，认知甚至激活因子（agents cognitifs et réactifs）的组织，就像一群蚂蚁。他们趋向于生产的不是象征，而是**数字外激素**。

因为一种个人语言，即只支配一个个体的语法，也是构成个体独特性的语法，与更加广泛的语法相比较，这个语言在法律上可以被形式化为类似于任何语言。我着重说**类似**，是指我在《离散图像》[①] 中所说的**限制**，也就是说

[①] 见《电视造影术》一书中与德里达进行的访谈摄制，伽利略出版社，1996年，第3章。

这样一种离散性和描述性的形式化，事实上已经不再是描述：它是一种写入，即一种改写——这是对那个并非唯一的个体化的一种"认识"，因为这是一种施事性的改写，我再次提醒以示警告。然而这种情况可能会发生在另外一种个体化过程中，这个过程可能被控制、被操纵、被异化：这就是西尔凡·奥鲁描述的情况，即在殖民化范畴内进行的西方语法化。

个体化的继续就是去认识它的任一企图，就是我在这里所做的事情，这种继续总是具有一种政治意义：这就是对个体化**条件**的**干预**。我在此要为一种"（非）认识"（即一个武器库和使用说明）进行辩护。这个认识将强化个体化的历时性，即独特化的权力。我同时也提出，对业已成为世界性的个体化的超工业认识，**通过**对这些在互联网上成为消费者的读者和冲浪者的形式化，这个认识将是一种变易，它趋向于取消未来，即取消这些读者的时间性，也就是他们的欲望。

第二持存，即构成个体在记忆中保存经验的持存，构成了通向个体所特有的前个体资产的通道，而个体自身也在个人语言中进行组织，也就是说依据规律性形成一种连贯。第一持存其实构成了范式（paradigme）中的选择，这些范式既是第二持存的个人语言组织，也是动员组合规则的句段安置（agencement syntagmatique），而这种组合规则又使第二持存（以前"预先形成"的陈述）具体化。换句话说，必须在索绪尔的两条轴上［这两条轴显然没有穷尽能指（signifiance）衍生的维度］分析持存组织。① 第二持存的独特性，作为**独特的语法组织**（语义的和句法的），是构成个人语言的固摄与持存，是广义上的个人语言的**共同持存**（con-tenu，即内容）：这可以扩展到语言持存和语言前摄之外。任何离散化都是根据这些类别推进的。不过，标志记忆工程的超工业时代的数字化，就是所有这些文字的形式化，包括身体在内。②

从认知到反应

这个**大家**在这里表现为一种可能性，即**社会的节肢动物变易**（人类社会即使不变成昆虫社会，至少也会成为多因子系统——认知因子或反应因子，但无论如何都是义肢性因子）。社会昆虫这一寓意，使得我们可以回顾调节方式的批判意义，诱发这些调节方式的是超工业背景下前个体环境的技术和工业变化，以及与这些相关的驱动、象征和心理功能在义肢中的普遍外化，而这些义肢正在越来越紧地包裹生命的躯体。

---

① 在声学音乐协调研究所由我主持召开的研讨会上，奥利维耶·拉赫迪欧提出了这一点，见上文，第37页，注释71。
② SGML、HTML、XML、MPEG、VRML 等，都是象征活动的语法化标准，这就是精神和集体个体化的跨个体现实。

超共时化是倾向于消灭**我们**的历时性的东西，同时也就意味着消灭**我**的意识。它借助一种方位日期装置（dispositif cardino-calendaire），并且组成它的元持存（méta-rétentionnel）系统，① 使该装置服从于经济领域的准则。因此这等于借助一种融合或者服从装置，使记忆技术融合并且服从消费品生产的全球技术系统。

这种方位日期的融合组成一种通向边界的过渡——依据动力系统理论的意义——这说明**系统的可存活性的条件已经成为问题**。融合将导致勒儒瓦-高汉曾预测过的情形：

美学层面的人类融合建立在纯粹的象征参照之上，社会根据一种节奏的公约接受这些象征参照，而节奏的公约包括人工网络中的日期和距离。直到最近为止，时间和自由空间以及时间和家用空间之间的游戏都比较宽泛，除非在城市环境，那里完全人类化的环境总是城市装置有效性的保证。城市时间的渗透在数年内得以完成，首先是通过交通工具规律的周期性，留出漫长的间隔时间，现在又通过时间的标准化，去适应每天的细节，适应广播和电视节目的节奏……一个超人化的时间和空间，将与所有特别个体的共时运作相对应，每个人都处在自己的功能和空间中。借助时空

---

① 参见贝尔纳·斯蒂格勒，《技术与时间 3：电影的时间与存在之痛的问题》，同上，第 308 页。

象征，人类社会将重新找到最完美的动物社会组织，在这个社会中，个体只是以细胞的身份存在着。①

"城市时间的渗透"是对工作、交通、购物等时间的服从，直至充当超级大众时间的传媒时间。"超人类化"，作为一个完全同步的社会的建立，将是对社会性的清算——这让我们想到勒儒瓦-高汉和西蒙东的另一种说法，他们将社会性描述成个体和传统之间的张力，② 在这个传统中，个体将写入他的民族语的独特性，即他的历时性。

勒儒瓦-高汉在1965年提出了**最终纯共时化**（pure synchronisation finale）的假设。在那个时代，46.5％的法国家庭拥有一台电视机。而今天这样的家庭是那时的两倍多——几乎是全部人口。21世纪初，随着通信和超媒体的移动客体即将出现，意识的共时化正在完善，臻于完美。就像现在的移动电话一样，这些移动客体随处跟踪其使用者，能够时时给他们指明他们所在的地方，根据地理定位向他们发出请求，同时在他们经过的时候，调节他们的超城市化环境的特征。

从这时起，勒儒瓦-高汉预测的共时系统近乎完美地实现：这个系统具有**个体专门化**的优势，就像处在一个蚁穴

---

① 勒儒瓦-高汉，《手势与言语》，同上，第2部，第185—186页。
② 参见勒儒瓦-高汉，《手势与言语》，同上，第21—22页；另见贝尔纳·斯蒂格勒，《技术与时间1：爱比米修斯的过失》，同上，第177—179页。

里面——**劳动的有机分工**,我们在蚂蚁这种社会性昆虫身上可以看到这种分工,即有兵蚁、工蚁、蚁后等。

换句话说,超人类化的社会可能会导致一种"多因子"共同体,即"多因子"系统理论所称呼的反应因子共同体。我在《迷失方向》中已经对此进行了简短的介绍。该研究受到多米尼克·弗莱斯诺①和让-保罗·拉绍研究的启发。

> 蚁穴由不同的个体阶层组成,通过"执行任务"的行为进行专门分工:如繁殖、照看幼蚁、觅食及"非就业"阶层……每一阶层的个体数比例是稳定的。如果我们做一个"社会解剖"②——从蚁穴的某一阶层中除去一部分个体——就会看到一种平衡的重组,如某些"捕猎"个体就会变成"保育"个体。于是可以假设这样的解释:环境会加强或抑制因子的专业分工,因为每个因子都会通过外激素的化学信息释放出它的梯度——这得到蚁穴计算机模型化实验的证实,并且基于多因子系统模式。我们格外重视这种痕迹的释放,因为计算机模型把这些因子处理为"反应的"

---

① 多米尼克·弗莱斯诺,《蚂蚁的社会:调节与学习》,摘自《多因子系统》,在由查理·勒内于贡比涅技术大学主办的研讨会上的讲稿(复印件)。

② 多米尼克·莱斯泰尔,《控制论的蚂蚁和昆虫机器人:机器人与实验动物行为学界面上的社会性与认知》,《社会科学信息》,第31期(第2册),1992年,第179—211页。

因子：因为它们对自身行为没有记忆。多因子系统实际上有两种模型：一类系统的因子被称作"认知的"，它们对自己的行为和过去的行为经验有明显的表现；另一类因子则被称作"反应的"，它们既没有表现也没有记忆，而是受刺激与回应模式的控制。正是这第二类因子对蚁穴成员进行模型化。然而，如果这些因子没有先前行为的记忆，而且它们的专业分工又由其他因子的行为来决定，那么必须有一种集体行为的记忆被记录在某处，至少是暂时记录。外激素便是记录在载体领土上的化学痕迹——蚁穴，还有捕猎个体在周围标出的环路——充当一幅集体的地图。①

事实上，因为**个体连接**在不断增加，与世界网络连接的个体，已经无意中被地理定位在一张结点多变的网上。个体向网络服务器发出信息，或者接收来自网络服务器的信息。网络服务器记录着集体行为的记忆，就像蚂蚁分泌外激素，把它的行为印在蚁穴的领土上，并且以梯度的形式对其他蚂蚁的行为进行解码和求和。方位日期的融合系统导致个体越来越生活在实时和当下，他们在去个体化的同时失去了自己的记忆——既失去**我**的记忆，也失去**我**所归属的**我们**的记忆——一切都在发生，好像这些还是"认

---

① 贝尔纳·斯蒂格勒，《技术与时间2：迷失方向》，同上，第193页。

知"因子的我们倾向于变为"反应"因子，即**纯粹适应性的因子**——而不再是具有创造性的独特因子，能够采取特别行为的因子。在这个意义上，他们似乎还是无法预料或者"不大可能的"因子，即完全历时的因子，总而言之：**活跃的因子**。

正是由于失去了这种不大可能的自我历时化的可能性，某种程度上有规律地自我例外化的可能性，并且发明了一种对抗适应的必需性，所以遭受远程遥控折磨的这个**我**，能够突然采取一个在**破坏性方面**难以预测的行为，非同一般的行为。这就是**变易-反应**（*devenir-réactif*），即我们可以理解为尼采意义上的反应，也就是说充当一种仇恨，还准备着随时爆发。它也出现在勒儒瓦-高汉的假设中，它当前的方位日期融合似乎正在接近，而"人类"个体仅仅作为单个细胞存在着，这时它恰恰就是一个"反应的因子"：它已经**去个体化**。这等于说个体被彻底**去脑筋化**（*décervelé*），即他的中心神经系统已经外化，变得赘冗多余，落得个被废弃的下场，从此以后毫无用处，甚至祸害无穷：个体"细胞"必须绝对臣服于"超个体机体"。

人类的肉体和大脑进化似乎能让他借助工具和记忆的外化来摆脱蚂蚁的命运。我们仍然禁不住会想，（人类）个体的自由仅仅代表一个阶段，而时间和空间的驯化将导致超个体机体里所有粒子的彻底臣服。①

人类记忆的外化，曾经帮助积累和传递个体经验，但它可能会导致创造一个反应式网络，好像全部经验从此以后都要标准化和去肉体化。② 在这般假设中，人类与技术这对伙伴，若需要一种个体的自由——在几千年期间——那也是为了让系统正确地发展，构成一个"超个体机体"，在彻底全球化之时，最终与所谓的社会性昆虫的**完美共时**的组织相结合。

对此，弗洛伊德提出异议：

> 蜜蜂、蚂蚁、白蚁等斗争了成千上万年，才形成了动物的政府制度，实现了对个体自由的限制，即我们所羡慕的这些动物的成就。然而我们自己的私密感觉是，在任何一个动物国度里，在分派给它们主体各自的任何角色中，我们都不认为是幸福的。这也正是我们目前状态的特点表征。③

---

① 勒儒瓦-高汉，《手势与言语》，同上，第 2 卷，第 186 页。
② 参见贝尔纳·斯蒂格勒，《去肉体化》，丹尼尔·帕罗夏（编），《思考网络》，尚瓦隆出版社，2000 年。
③ 西格蒙德·弗洛伊德，《文明及其不满》法译本，奥迪尔译，法国大学出版社，1992 年，第 79 页。

压倒多数，微小少数

读者或许会反驳我说，这样的假设只不过是种纯粹的虚构，完全不符合他日常所体会到的经验。这种情况下，我会如此回答：一方面，提醒读者这种虚构描绘的是一种渐近的趋势，必须结合这种趋势进行组合；① 另一方面，提醒他不要忘记，他无疑有能力而且还有意愿来阅读像《象征的贫困》这样一本著作，这书代表着目前非常有限的一个社会阶层，并且很有可能走向消亡，除非发生某个奇迹。

无疑也有人向我指出，而且还不无道理，说在我所描述的过程中还会有发明创造，并且会非常多。这我同意。而且我还要说，必须对这些创造性实践进行分析：我在其他方面就是这么做的，我从未停止过分析，至少从 1978 年开始如此。再者，我觉得我自己大部分时间，在我所有的行动中，都被引向对发展这类实践的关切。但是我想强调，这场为创造而战的战斗就发生在游戏的舞台上，就在相互冲突的趋势之间，所采用的一切都是为了让这个去削减那个。现在，这简直就是一场战争，而结局在我看来似乎完

---

① 关于组合的问题，参见贝尔纳·斯蒂格勒，《爱，自爱，互爱》，同上，第 36—37 页，特别是第 74—75 页。

全无法确定。因此我认为，显然没有什么可以表明，某种无形的手或者某个新型的宿命将会在此出现，以确保趋势所需要的反趋势会自动得到保护，同时也就保护了趋势本身。①

在工业大国中，绝大多数城市人口都生活在越来越难以忍受的环境中：他们完成着越来越徒劳无益的职业任务，它们对于完成者来说没有任何意义，根本无法具有某种意义；任务的目的通常极其庸俗；付给劳动人口一定的报酬，是为了让他们采取越来越标准化的消费行为。在这种消费中，被消费的商品几乎不能带给消费商品的人什么存在感，以致产生了大量**永远是更加深不可测的**沮丧情绪，这种情绪造成的后果是**永远更加疯狂地增加此种消费**，即增长一种**斜坡式**的沮丧感，这一斜坡无疑以指数形式指向绝对的坠落，问题是要知道**在何处于何时停止**。我们离"自身的自我生产"非常遥远。

至于没有生活在工业大国中的地球居民，他们在绝大多数情况下都陷入一种难以名状的贫困状态，其规模的庞大和不可估量在人类历史上很可能是史无前例的。

20世纪末，谈论人类已经变成家常便饭，似乎组成这个**我们**的人们，**大致上**全部处于相同的境况。这种所谓的平等显然是绝对的虚构，况且生活条件的不平等正在扩大，

---

① 参见贝尔纳·斯蒂格勒，《爱，自爱，互爱》，同上。

组成不同社会共同体和社会阶层的团体，往往具有极少的共同点。而尽管世界媒体每天制造着这种现实平等化的幻觉，这些群体实际上常常变得无从比较——而**我们**，还有**你们**，听这场讲座或者读这本书的人们，还有**我**，发表演讲或者写这本书的人，我们这些接触人类作品的人，即康德所说的精神产物的人们，我们却成了非常渺小的微小少数。

"我们"与"他们"

我们，构成这微小少数的人们，我们生活在尽管不是非常有利，但通常还算有利的城市环境中：在仍旧像城市的街区中，我们偶尔还能去名副其实的饭店；我们的孩子依然上学，尽管越来越困难，他们在学校里还能学到一点东西；我们可以去剧场和电影院，千姿百态的电影在这里上映；我们可以在马路上闲逛，商人向我们推荐一些高质量的商品——但在大部分时间里，我们**什么**也不知道，不知道我们自己同胞的生活条件怎样，他们的生活即使还说不上难以忍受，也已经变得相当糟糕。

如果说我们这些工业国家里的大部分居民还能温饱，有衣穿、有居所——尽管他们中有数目可观和**庞大**的一部分人，就在我们身边，常常就在我们居住的大楼下面，完全不能享受这些文明带来的福利——他们中的极大多数人，都眼睁睁地看着自己的生活条件日益恶化，身体和精神的堕落并行，因不得温饱而面容浮肿，被更加可耻的文化工业弄得头昏脑涨。我们对此有些难以想象，因为我们自己还没有遭受到这种变易的损害，然而它却包括了范围更广的社会阶层，我们谨慎地站在远离这些现实的地方，冒着视而不见的风险，还能**恬不知耻地否认**着存在本身的风险。

恬不知**耻**，也就是说没有这种羞耻感，而羞耻是"哲学最强有力的动机之一"。所冒的风险还有，即意识不到我们可能**已经开始**任由这种普遍的堕落过程吸收，缓慢但是必然地，越来越看不到**非知识的新时代**中那种**幸运的跛行能量**，例如塞隆尼斯·蒙克的能量——除非找到校准的武器，修复或备好的概念，调好的钢琴以及其他乐器①。

---

① 塞隆尼斯·蒙克在谈到音乐时，把它称为跛行。我在这里暗示了跛足的俄狄浦斯，其他地方还会提到他那些有脚疾的祖辈们，我在《技术与时间4：象征和魔鬼，或精神之战》(待出版) 中还会再谈这个主题。

忒瑞西阿斯与时间之战:围绕贝特朗·波尼洛的一部电影

> 我知道这是在犯原罪,玫瑰不是上帝的发明而是人的发明,人接过了上帝所创造的东西:他改变了它。但我感谢上帝把我放到今日的尘世,而不是在那个没有玫瑰的时代。
>
> ——贝特朗·波尼洛

后来我觉得谁都看不到我,于是我决定不再劳心费神,生怕错过哪只昆虫(穿越重重障碍,长途跋涉,历经逆境风险与危险)那不可能期待的到来,倘若奇迹真的发生,它会作为使者被从遥远的地方派来,去探望那朵一等再等的处女花。我知道这种等待并不比雄性花朵更为被动,雄蕊也会自发地转动方向,好让昆虫更轻易地接待它;同样,这儿的这朵雌花,倘若昆虫光临,它会卖弄风情地弓起"花柱",好让昆虫进入得更深,它会像一位虚伪但炽烈的妙龄女郎,不知不觉地向前靠近一半路程。植物世界的法则本身受到越来越高级的法则的控制。倘若昆虫的来访,亦即从另一朵花带来种子,通常是异花传粉的必要条件,那是因为自花授粉,花卉的自我繁殖,会像一个家族内的连续近亲结婚般,导致物种退化,不孕不育,而昆虫授粉则给同类的后代带来前辈所不知晓的活力。不过,这种飞跃可能会过于迅猛,导致物种发育失控,于是就像抗毒素抵抗疾病,甲状腺体调节肥胖,失败惩治骄傲,疲劳扼制快乐,还有睡眠驱走疲乏那样,便有了某种特殊的自花授粉行为,在合适的时候拧一下铆钉,踩一下刹车,将发育过分的花朵重新纳入正常标准。[1]

——马塞尔·普鲁斯特

电影书写

在整个 20 世纪,大工业夺取了图像技术,把它变成改造世界的主要武器,将世界转变为一个市场,从此以后里面的一切绝对都在待售——先从观众的意识时间开始。为了通达这个时间意识,一场真正的战争在各式各样的媒体

---

[1] 普鲁斯特,《所多玛与蛾摩拉》,伽利玛出版社,1946 年 15 卷版,第 8 页。——译注

上疯狂进行着。各媒体之间的竞争成为这场意识屠杀中令人作呕的景观，即一幅吉尔·夏特勒①所说的变异猪的景观。

然而，这场战争并不只是简单地通达意识时间，而是要改变意识，尽可能使它们共时化，从而控制意识的身体，使身体去性别化，**通常的婚姻生活**因此成为多余。因为关键在于缓慢而确实地缩减意识时间的历时独特性：它们的力比多能量。真是可怕的悖论，这种能量恰恰就是要追寻的东西，就如我们寻求花粉用以酿造蜂蜜一样。对**这般**需要寻找的某物的追寻，不仅使得这个某物倾向于无法被找到，而且使之**不复存在**。

这场战争不仅存在于媒体之间：它也是对抗一般审美经验的战争，即对抗艺术和思想（除了数学，任一思想都具有美学性，在概念的起源处总有一种情感：这正是我试图在《付诸行动》中表明的东西——换句话说，对我而言，绝不是要像一只鹦鹉似的模仿德勒兹或者重复斯宾诺莎，何况当群蚁麇集的情感向我提供我最初的概念时，我还没有读过他们的作品②）。

---

① 吉尔·夏特勒，《像猪一样生活和思考》，流放出版社，1998年。
② "就像果子必然生长在果树上一样，我们的思想应该出自我们身上，包括我们的评价，我们的'同意'，我们的'不同意'。我们的道理和原因在发展——所有亲朋，他们之间相互的关系，都是一种意志、一种健康状态、一片土地、一个太阳的见证——这些园子里的果实，它们合您口胃吗？—— 但这与果树有何相干！与我们哲学家有何相干！"弗里德里希·尼采，《论道德的谱系》前言，第10节。

对独特性进行功能缩减的必要性，几乎导致了一切人类经验的服从，导致了对美学和情感的**控制**，对认知和信息的**控制**。正是这些电子工程，它们建立了"控制社会"，开发利用 life time value 的概念，由市场营销锻造的概念，以便将个体经验的工业和系统开发推向终极具体化，从而将个体经验转变成一种完全受控的制约条件。

这就导致了象征的贫困境遇，其中**美学**制约条件从本质上阻挠审美**经验**，无论这种经验是否艺术的。正是通过这样的方式，已经工业化的旅游毁掉了游客的目光，游客成了一段褪色时间的消费者。

然而主要的技术征战，使这种现状得以建立的征战——使美学服从工业发展的利益的征战，它成了人类生活方式的一场彻底的变革。从拉斯科生活方式到今日的成千上万年来看就是这样——这是一种电影书写，这里把它定义为一种技术，对运动进行机械复原的技术。从这个角度出发，我就像在《电影的时间》中那样，在技术层面上，提出电视就是电影的一种简单的电子发展。

不过电影也是一门艺术。我想表明，为什么这门艺术在控制社会的语境下具有非常特别的责任：它是杰出的审美经验，能够在自己的领地上对抗美学制约条件。但这也意味着要把握尺度，就人类看待自己普通形象的角度而言，即从他的自恋角度看，必须好好估量当前的境遇——弗洛伊德意义上的自恋。在《文明及其不满》中，他谈到在上帝死后，人类看待自己的方式将如何演变。

致盲图像的恶梦

图像技术的工业开发，通过经验的制约条件来为市场的无限扩张服务的开发，作为一种**图像技术**，导致了个体原始自恋的毁灭——毁灭了让个体能够投影他们那个**我**的统一性的可能，其借助的方式显然特别地具有虚构性，以至于成为不可或缺的方式，尤其是赋予他们与其他的**我**缔结社会关系的能力，以便形成这个**我们**。我们作为集体自恋，构成了审美经验的可生活空间，这种审美经验只能是一种共享，即雅克·朗西埃试图讨论的"感性共享"。正是这个**我们**，被弗洛伊德称为**文化**（*Kultur*），然而被翻译为**文明**（*civilisation*）。

通过摧毁原始自恋，对图像技术（即电影摄影术，电视只是它的一个子领域）无限制的工业开发，消灭了**观看**图像的真正可能性。① 在生产致盲图像的同时，图像的工业开发成了图像纯粹而又彻底的毁灭——因为只存在可见的图像。

因为图像变得不可见，它要么成为通灵盲人的神谕，

---

① 关于这一点，参见贝尔纳·斯蒂格勒，《爱，自爱，互爱》，同上。

比如忒瑞西阿斯，要么成为**象征**在其中失去效力的"现实"——一个噩梦的现实：毫无疑问，我们生活在一个恶梦美学的时代，① 因此有时神谕也默不作声。在我的盲眼里，还有一个噩梦现实图像的例子：阿诺德·施瓦辛格成为加利福尼亚州州长。

北美是电影摄影（包括电视）图像的国度，它作为世界强国，主要通过掌控电影摄影技术、工业和电影艺术而形成。而且今后还要掌控数字技术，数字技术不久后将可以完全控制通达权。② 政治权力很早就明白了电影那无与伦比的威力：从1912年起，一位参议员就断言"trade follows films"（贸易跟随电影），让-米歇尔·福洛东也归纳了美国对电影权力的理解，认为电影和电视节目不仅赢得了大众的尊重，还同样赚到了这些大众的金钱，它们比美国大兵更有价值。③ 西方不就是这样取得了冷战的胜利么？

---

① 这种噩梦的美学，在2003年的里昂双年展上得到展示，但我们还可以在《黑暗中的舞者》和《狗镇》（拉斯·冯·特里尔）中看到，还有《人之子》（*La Vie de Jésus*）（布鲁诺·杜蒙）、《大象》，尤其是《黑客帝国》以及其他类似的作品。无论这些作品在多大程度上从哲学模型中汲取灵感，它们都是噩梦的现实本身。当经验被摧毁的时候，就表现出重构经验的必要性，包括生命的经验，生存现实的经验，例如军营被展现在电视上，但同时也因这个展现本身而失效；我就这样在里昂双年展上看到了迈克·凯利和保罗·麦卡锡的可怕装置，*Sod & Sodie Sock Comp. O. S. O.*，1998。在那里，在致盲图像的噩梦边缘，还有帕斯卡尔·孔韦尔的作品。

② 尤其是通过DRMS，即数字权利管理体系（Digital Rights Management Systems）。

③ 让-米歇尔·福洛东，《国家放映：电影与民族》，欧迪勒-雅各布出版社，1998年，第145页。

真正战争的回归

然而，对西方图像的尊重是在何种程度上获得的呢？因为至少自"9·11"以来，美国大兵不得不取代电影——哪怕"9·11"是一件独一无二的全球电视事件亦然，这个**令人毛骨悚然的**（*unheimlich*）虚假直播，无疑是历史上被观看最多的节目，超过了尼尔·阿姆斯特朗的登月直播。

电视压抑的回归会长久地把美国大兵置于电影之先吗？无论答案如何，这个问题都假定电影和美国大兵一样，是一种武器。它是一种政治武器（造就美利坚合众国的统一），一种经济武器（国内贸易和全球贸易跟随电影），一种军事外交武器（电影、电视和军队形成一个体系）。如果说美国大兵的武器再次置于电影**前面**，那是因为对电影摄影权力的无限开发——特别是这种权力也已成为电视权力——最终将清除观众的自恋，即观众的**投射权力**，以至于他**再也不能看到图像**，无论他是蒙受耻辱的"南方国家"的观众，抑或是没头脑的所谓北方工业国家的观众，或者更像是个失明的人，犹如这具性别转移或者**冲动转移**的躯体，即刺瞎双眼的忒瑞西阿斯。

投影的观看设备和电影的净化功能

《忒瑞西阿斯》（2003年）是贝特朗·波尼洛的一部电影，其威力异乎寻常，几乎难以承受：一部**盲人的电影**，并且为我们这些盲人带来关怀，**正如**影片中给玫瑰进行修剪一样。①

让-吕克·戈达尔在《一部真正的电影史导论》中认为，影院中的放映机就是观众本身：

> 当观众在观看的时候，摄影机被调转了过来，观众的头脑中存有一种摄影机：一台投射的放映机。此外，当卢米埃发明出电影的时候［……］当他发明出摄影机的时候，大家就同时也把摄影机当作放映机使用，也就是同一台机器两用。②

一幅画面要抵达观众，观众必须投射这个画面，即期待这个画面到来。③ 但若要让观众被打动，他所期待的图

---

① 它伸向了**人造**的玫瑰花，换言之，既**是美本身**，也是**恶之花**。
② 让-吕克·戈达尔，《一部真正的电影史导论》，信天翁出版社，1980年，第一卷，第209页。
③ "猴子与鹦鹉"，阿兰·弗莱舍尔的一个装置，最初在戛纳展示。2003年9月，在乔治·蓬皮杜中心，展出了**我**的投射，而也只有在**我们被投射时，我**的投射才会发生。

像就必须令他惊奇，即对他而言出乎意料。解决这个明显矛盾的唯一办法，就是观众**自身怀着**对其意识的意料之外——而电影就是这个让观众投射**这种被期待的意料之外**，即**释放意料之外**。电影有一种净化功能，而图像的工业开发使电影不堪重负，即便从投射的角度来看，任何图像都是可能的，包括最工业化的图像，这也是难题之所在，更何况任何电影从一开始就是工业的，因此也是"商业的"，甚至是远视的（télé-visuel，即电视的），我还会再谈这个话题。换句话说，对于观众这台放映机而言，没有**任何**可能性将一个**自身**的投射图像和一个**自身**的毁灭图像区分开来①：图像逐字逐句地由观众前导（pro-duite，即生产）。但仍有部分图像**倾向于**毁灭观者的自恋。

这一切也说明，正由于电影永远是工业的，它就未必**是工业社会的未来**。

投射的期待视域由期待即欲望的自恋结构进行建构。但这里所指的自恋，是**心灵**本身的结构，就像它指定的一个镜像，它假定了具有一段历史的反射表面：或多或少正在变形或成形的载体，它们构成目光的形态发生，或者更广泛地说构成情感的形态发生。从凿刻的燧石到**随处**融合图像人造物的技术，使得静止或活动的图像成为一种个体远程通信的常态内容，就这样将远视（télé-vision，即电

---

① 同样也没有可能区分自身的有意义或无意义。参见贝尔纳·斯蒂格勒，《付诸行动》，同上，第55—59页。

视）普及到一种极端的程度——随之而来的远程遥控和远程监控的普及。

然而这个普及的远视系统，正是清算一切期待的视域，即清算所有的意料之外，致使当活动图像无处不在之时，就不再有图像：不再有可以被打动的目光，因为打动就是坦露被打动者的独特性。

这就是最近的电影艺术家们与之斗争的东西。

也正是这样，该伊拉克人倒霉，美国大兵作为武装起来**进行杀戮**的身体和灵魂在图像面前闪过，就像**用来迷惑**灵魂及其身体的工业和电影的时间客体——他们消费者的身体，而在全球经济战争中，关键是要让消费者的身体服从于市场营销那纯粹捏造的期待。

从现在起，问题在于弄明白这样一种捏造如何成为可能。

前摄和冲动：论体现

一部电影，如今我们都知道，它是一个时间客体，胡塞尔意义上的客体：这便是库里肖夫的经验，用莫兹尤辛图像所展示的东西。在观众的意识里，莫兹尤辛的脸"表达"不同的情绪，取决于脸之前的不同镜头，而莫兹尤辛的脸却总是同一个镜头。用胡塞尔的术语说，这表明莫兹尤辛的脸的镜头,是从先于它的镜头的"第一持存"(即原初持存)的角度来看的。同样,在音乐中,一个音符若能作为音符发出声响,那是因为它在自己身上**持存**了将自己与先于它的音符连接起来的**关系**,人们称之为一个音程,或者用毕达哥拉斯的话说,一种逻各斯。

一个时间客体——一段旋律或一部电影——是通过意识结合起来的第一持存的聚生体,意识观看或倾听着时间客体,从各种关系出发,在这些关系中形成前摄,即期待。

然而在同一部电影中,不是所有人都能看到同样的东西,之所以会这样,是因为第一持存是一种原始**选择**。意识并不持存一切。这就是为什么当我重看一部电影时,我第二次看到的不是同样的东西,尽管我意识到我在重看同一部影片。对象是同一个,但对象产生的现象却不一样。这不是因为电影变了,而是因为**我**变了。这些我们都已经知道。但我们现在必须做个补充,发生变化的是我的**期待**,因为我的记忆变了。例如我或许**已经**看过这部电影了。

记忆是由第二持存构成的,第二持存将对第一持存进行过滤,也就是说在我看电影的时候进行第一选择:第二持存,**作为我意识的期待视域**,则是选择的标准。我不期待的东西,我就看不见。但我有时凑巧**期待**上了**无期待**(*inattendu*,即意料之外):如何解释这一事实呢?

如果我们每个人面对同一个银幕,看到的是不同的影片,那是因为每个人投射的是他第二持存能够让他过滤的东西，他要过滤影片提供给他的材料，而这个材料将转变为前摄，这就是**他的**最无期待的期待的**回送**图像——最没有意识到的图像，最深藏在**无意识**里的东西。于是无意识便在第二持存之下编织起来，成为第二持存的**躯体**。

因为我们的记忆各不相同，由独特的第二持存编织而成，并且也只属于我们，所以我们可以在同一部影片中看到不同的东西。但由于这些记忆得到**体现**，因而我们的第二持存，和我们的身体一起并且在我们身体内，形成了冲动的能量，这种能量将铺展我们的欲望，展开在这些最基本的原始期待（proto-attente）上，也就是冲动之上。

集体第二持存（＝R2C）的前摄截取

电视倾向于清除个体第二持存的多样性，以使图像观看的独特性崩塌。电视肩负着使个体的意识时间共时化的使命，以便组建全球市场：意识是身体的意识，因此要控制身体的行为，从而**加强它们的大众消费期待**。

市场营销很早就夺取了电视，因为它明白，视听技术可以控制个体前摄，激发和疏导它们，要开发这些超前摄，即冲动，冲动是激发任何目光的欲望的材料。

在第一持存和第二持存之外，还有第三持存：客观的回忆、记忆客体、回忆和记录的技术等。某些第三持存可以生产工业时间客体：留声机和电影就是这类情况。通过控制视听的第三持存，可以干预意识的运作方式，因为意识通过对第二持存的过滤来不断地配置第一持存，尤其是通过调动观众所共享的第二持存，不仅形成了**我**的第二持存，还形成了**我们**的第二持存。西蒙东意义上的跨个体正是这样构建起来的：借助生产一般由第三持存（R3）支撑的集体第二持存（R2C）。第三持存既可以是作品，也可以是技术客体、物品、崇拜物等——**商品**是**万物崇拜特征**的一个极端例子。

词语就是 R2C 的这类产物：跨个体的意指就这样被确定下来。当然，一切问题都在于知道为什么这个 R2C 会被采纳，即被选中然后持存下来，而另一个却被抹去，落入遗忘。这是尼采在《论道德的谱系》第二章中提出的一个**器官学**（"记忆技术"）问题。因为在系谱学的**灰色**中，①在灰色的背景上，衬托出图像的颜色，有一个**用来制造 R2C 的武器库**。

施加于精神的权力，对冲动的持存控制和通过缩减民族语对欲望的奴役（缩减独特性，缩减"白痴"，用的是"**愚蠢**"的工具，这也是它的**固有条件**，任一民族语本身就一直是一个"愚蠢的工具"，一种有限的方言），通过对民

---

① "对于一个道德起源学家来说，有一种颜色比蓝色高百倍：我想说的是灰色。具有说服力的是有证据的、可以确定的、真实存在过的东西，简言之，是人类道德史的全部冗长的、难以辨认的象形文字。" F. 尼采，《论道德的谱系》，第二章，第 18 节。

族语的缩减，即服从语法化等，这一切都是 R2C 生产技术的结果，也是通过语法化实施的 R3，电影书写只是其中一个时期。

例如，R2C 的制造就发生在《乱世佳人》中：正是从美国南北战争的集体记忆出发，组成了持存与前摄的工作，其中出现了美国观众所投射的斯嘉丽，从南方看或是从北方看，都是他们共同的视角。也正是从《乱世佳人》的记忆出发，我去看《欲望号街车》，把斯嘉丽那模糊的、永远消失的脸庞投射到费雯丽所扮演的白兰芝身上。① 又或者，正是因为我记得《甜蜜的生活》，我才**自恋地**被《访谈录》里的一个场景所震撼，30 年后，安妮塔·艾克伯格和马塞洛·马斯楚安尼在特雷维喷泉边重逢：在这里，作为费里尼两部电影的观众，我的第二持存不仅与电影院共享，还与安妮塔·艾克伯格、马塞洛·马斯楚安尼和费德里科·费里尼的第二持存共享，甚至与列席场景的虚构的日本记者共享（就像是《甜蜜的生活》里狗仔队的克隆）。

电影的巨大威力。

---

① 卡赞指名让费雯丽参与拍摄，他先前和马龙·白兰度合作舞台剧《欲望号街车》时并没有这位女演员。然而，确定的是卡赞利用了《乱世佳人》这部典型的艺术性影片：他把不幸变为豁达，把必需变为德行，简言之，把一个偶然变成了必然，这一直都是艺术的本质。

电影艺术作为不抱希望的东西："用不着抱有希望"，因为有必要不抱希望

一位电影艺术家（其实适用于每一位艺术家）生产第三持存或（时间的）记忆客体，它们在物质上，因此也在**空间**上得到投射。无论记忆客体多么短暂，电影艺术家都通过它们使**我们**，即一个感性共同体，能够体会到他前摄的集体独特性和个体独特性——这种前摄就是他的**最无期待**的期待，因为这种期待表达了他的欲望强度。这个**我们**正是通过这种方式被创造出来，并成为这个样子的。艺术家与大众的第二持存进行游戏，**借助**他所拥有的第一持存，将其配置成第三持存的装置。这是库里肖夫所证明的东西。

艺术家以这种方式，力图实现永远具有独特性的审美经验，因为审美经验允许投射支撑**任一**期待的**无期待**（这就是赫拉克利特所说的不抱希望，*anel piston*），并且这种无期待从本质上给予的永远是再生的**新颖**，无论这个"新颖"如何深埋于古老事物，隐匿于**最古老的**东西中：在"冲动"之中。

正是因为它们调动了冲动资产，视听时间客体才具有一种空前的象征效率。但视听文化工业倾向于取代艺术家

来生产第三持存配置，以便触发同质的集体第二持存，从而彻底清除个体目光的独特性，以及这些目光所属意识的身体行为的独特性：因此，问题在于使消费行为标准化。这是可能的，因为远视（télé-vision，即电视）在网络中定时播放的时间客体，让人们大量地分享第二持存，从而在越来越同质的第一持存中强化选择的标准，以至于个体的独特性消失，无法再进行自我投射，而最终崩塌的是原始自恋，也就是欲望的条件。

这就是一种转变的结果，通过这种转变，某种感官（例如目光）投射的审美经验将被反转，变为这同一感官的美学制约条件，从这时起，这个感官将臣服于"图像"的消费，而这些图像却无法再被人看到。

"前摄"任一期待的冲动材料都介于生与死之间，在厄洛斯和塔纳托斯之间。所有的电影故事，无论以哪种方式表现，都是厄洛斯和塔纳托斯之间的一场游戏——包括最朴实的影片，就像安东尼奥尼的《蚀》里奢华冗长的最初场景。这种冲动资产也经常被电视"不正当地"征用：它被征用不是要在重复中**制造差异**——冲动的任一表达都在于重复——而是相反，是为了加强重复那有限的同一性，而且借助持存标准的同质化来完成。

182 一切对抗时间的缺乏，无比期待的无期待

通常的艺术就是尽力以另样的方式进行时间化，试图让**我**的意识时间，即它被体现的记忆所支撑的无意识资产永远具有历时性，并且通过对它的肯定，解放出其独特性的自恋无期待，而这种独特性可借助**任何艺术品构成的银幕媒介**投射在**我们**身上。

这是一种经验。可是电视却相反，它试图将意识共时化，也就是说废除它们作为意识的效力，把它们封闭在强制重复这种最贫乏的模态里。这就是控制社会里**用情感来实施的控制**：这里指的是审美控制，最有效的审美控制，比伽塔里所说的电子项圈还要强大，因为它是一种真正的自愿顺从。这样一种控制，因为它能消除独特欲望的历时性，即它的无期待，就不可避免地会导致自恋的清除，也就是清除无意识和欲望，因为欲望是冲动的社会化。换言之，电视必然导致冲动的爆发，即付诸行动。因此，"9·11"这个日子标志着时间之战中一次骇人听闻的战斗，挑起这场战争的则是将历时共时化的企图，而历时恰恰因其独特性而变得难以控制。

183 这是工业的倾向性自杀行为：市场的发展不能没有欲望。

时间永远是战斗的对象,而审美经验就是一场战斗——一场对抗时间缺乏的战斗,**一切都在对抗**它。既然艺术作品本身就构成了一套装置,而且需要无限的可用性,也就是对作品的一种无比期待的无期待,那么如何让自己可以随意处理艺术作品呢?这便是时间美学的任一体验所包含的问题。

这就是**感性**:它不是位置,而是安置。然而,我们此后都生活在战争之中,第一持存、第二持存和第三持存的连接成为工业控制的日常和永久的产品,这种控制**通过**所谓的流动的工业,从自然本质方面去阻碍布置和可支配性,即审美**经验**所需的可支配性。这种控制需要消除的东西,恰恰就是**时间的可支配性**,因为时间在本质上就是**难以控制的独特性**。

忒瑞西阿斯与革命的武器库

在这一方面,《忒瑞西阿斯》,此外还有《春宫电影人》,都是样板影片:这些影片的问题,就是电影与欲望的关系,是电影面对欲望的责任,也就是电影面对性欲的责任。

贝特朗·波尼洛拍摄的是一部关于性欲特征(sexualité)的电影,并且在其中融合了**技术性**问题——既包括电影摄影图像的技术性，也包括使变性身体成为可能的技术性。变性身体在某种程度上就是天使的身体，或者它的反面，**因为变性者具有两性的身体**。

这部电影讲述了一位基督教牧师对一个变性者施加的暴力，牧师弄瞎了变性者的双眼，这位受害者变成了一位盲眼先知，就像索福克勒斯笔下的忒瑞西阿斯，把他嫁接在了跛足的俄狄浦斯身上，而俄狄浦斯则成为弗洛伊德式欲望的形象。① 所以这部电影像是一朵玫瑰，一朵在品种繁杂的"任一花束中缺席"的玫瑰，说的尽是这事。这部电影说明，必须把这些欲望和技术的问题**去基督教化和悲剧化**：必须重新审视忒瑞西阿斯和视觉问题，将视觉看作盲者预感到的预见，亦即某人悲剧条件的前摄，如同爱比米修斯，那个一无所知的白痴，主要摸索着——悲剧条件，换言之就是古希腊的技术条件（我至少在《爱比米修斯的过失》中就试图证明这一点）。

"**不为什么**"，玫瑰却仍有悲剧色彩，而波尼洛的影片提出了电影的悲剧问题，即远视（télé-vision，即电视）变成预视（pré-vision）的问题：他认为这是个悲剧性的黄色电影（porno-graphique）问题。黄色电影问题就是电影的问题，因为黄色书写的可能性位于**任何**电影的中心。问题不在于简单地把电影和电视**对立**起来，而是要**通过电影**来

---

① 并且俄狄浦斯刺瞎了自己的双眼。

批判电视,如今电视已经作为**权力**占据着每一部电影:要**体验这部不为什么而奉献玫瑰的作品,我们只有感谢**上帝。**即使**上帝已死亦然。

后 记

致卡洛琳

在将《爱，自爱，互爱：从"9·11"到"4·21"》奉献给国民阵线的选民之后，在一档广播节目①中，我应时提出这一观点：我们应该**友好地**与国民阵线的选民们说话。

我知道这句话会引发问题，不仅会引发争论，而且有点一语惊人。它还会引出这个问题："这个**我们**是什么？"然而这不是一种挑衅，也不是一种态度，而是我思想的深层，我正是以此为基础形成了**我们**这一思想。

我在这里所命名的**象征的贫困**，首先是这个极右政党的选民们所遭受和见证的贫困，无论他们的**证明**确实或者显得多么可怕——这个政党，我在这里显然不做评说。

拒绝与国民阵线讨论问题，丝毫不意味着我拒绝与其

---

① 《面面俱到》，法国文化广播电台的节目，由马克·万谢主持，2003 年 12 月 8 日播出。

选民们说话，我甚至会说，**主要是面向他们说话**，哪怕大多数时间这种面向都是非常间接的，哪怕这种面向对我而言，主要是对这些证人的**关注**，是对他们见证的关注。而就在他们见证的地方，**他们恰恰不能听到我的声音**，无论**他们这般见证的事实有多么难以忍受**，也就是通过他们的**选票**进行的见证。这似乎是**他们所剩的进行象征交换的唯一可能性**，最糟糕之前的选择，首先撇下一切面向他们说话，这在我看来是**绝对的优先**。

而"在我看来"，我要重复这一表述："在我看来"，我既要以**哲学家**的视角说话，也要从公民和**能够知道羞耻的人**的角度说话，即知道羞耻，知道廉耻，换言之能够 *aidos*（羞愧）。

争执与内战

令人无比沮丧——几乎感到**耻辱**——的是，那些宣称从政治上思考和行动的人们，并**没有看到只存在两种**可能性：

——要么同意**与国民阵线的选民交谈**，或者向他们表达，抑或**为了**他们进行表达，甚至**优先**面向他们，因为他们最直接地见证了毁灭公众生活的这种苦难。不管他们自己对这一点的话语如何，这都是剩下的所能发现的最悲惨**的证据**，而否认它将是可耻的：这就是拒绝他们的人性。

——要么拒绝接受他们的**公民**地位,而在这种情况下,我们离内战就不远了,因为这确实是个赌注。

内战,这是困扰希腊人的东西,他们多次经历内战,并将其命名为 *stasis*。

就我而言,我同意亚里士多德的观点,即公众生活的**条件**是**友爱**(而城邦,*polis*,在很长时间里都是友爱的代名词,由于缺乏更好的名称,我也仍在沿用。我想我在上一章已经推断了这一点:即使西方的精神和集体个体化过程今天业已完成,这个名称在今后无疑将不再有效——这是我在《技术与时间 4:象征和魔鬼,或精神之战》中做出的解释)。公众生活的**条件**就是友爱,亦即亲密感和**友谊性**,正如让·洛克斯卢瓦做出的绝妙说明。没有友谊性,**任何对话**都是不可能的。

于是,**对话**(*dia-logue*)成了公众空间的条件:是它的**历时**条件,超出某个**大家**的任何**总括的共时**,这个**大家**不再有一丝的**我们**。而不再相信对话,将是一种贫困的可怕征兆,既是政治和精神的贫困,也是象征和哲学的贫困。此外,不怀疑对话的可能性,这就**已经停止**了对话;我们称其为闲聊。对话会令人不安。我在别处称为自由的**脆弱性**,[①] 包括在**独谈**(*soli-logue*)中,就是伽达默尔[②]所说的

[①] 参见贝尔纳·斯蒂格勒,《付诸行动》,同上。
[②] 参见雅克·德里达,《撞击:不间断的对话——两种无限之间,诗》,伽利略出版社,2003 年。

"**内心对话**"。但是一种不相信对话的哲学或者政治，只能是自负的哲学和哲学的自负、自负的政治和政治的自负。

诚然，埃蒂安·塔桑有理由赞同阿伦特并反对哈贝马斯，他说政治并未被语言汲干。可我这里谈的对话不单单是语言：是**象征的交换**，包括**任一劳动活动**所支撑的这类交换。马克思也这般定义无产者：由于失去了通过劳动而进行个体化的可能性，如西蒙东所言，他就不能**意指**（signi-fier）。又因为无产者除了劳动没有其他任何的"空闲"，所以他彻底失去了任何象征的存在，也就是失去了**任何的存在**——除非起来斗争。这是众多共产党人既非常理解又不甚了了的道理。

正是美学象征在城邦广场上的存在，如 agora（集市）①，赋予公民以**城邦的权利**，而这种存在只有在**友爱**的循环中才有可能。友爱由神灵赫斯提亚和赫尔墨斯两神分管，赫斯提亚是掌管私人空间的女灶神，赫尔墨斯则是交换之神，掌管共同事务中公众空间的交通。埃蒂安·塔桑对此进行了重新思考。

可是，如果说**政治对话**是一个**和平**的空间，那也不是一个一致同意并且没有冲突的空间，恰恰相反：赫西俄德为 éris（争执）大唱赞歌，因为**争执**是赫拉克利特 polemos

---

① agora 是雅典城邦政治、社会和宗教生活的中心，是所有政治、公民和司法活动之所，戏剧、体育比赛以及宗教崇拜活动经常在这里举行，也是进行商业活动、会聚朋友和讨论哲学的理想处所，苏格拉底就是在古代广场和群众议论政治、辩论真理的。

（争斗）的一种效仿，是争论之女，从两者中出现了最佳的 *ariston*（高贵），即阿伦特①也谈到的那个最好的**高贵**。但赫西俄德又哀叹**争执**的反面，视其为厄运，因为厄里斯（Éris）这位"夜神之女"，她也像**争执**一词那样，在日常希腊语中也指分歧，即引发人们之间的斗争，然而他们在友爱中又都相互归属。

　　这种斗争丝毫不是战争，因此它不是**内战**（*stasis*）：它是兄弟之间的冲突，可以由**司法来裁决**，哪怕司法显得并不十分公正亦然，比如赫西俄德和珀耳塞斯之间的斗争。② 这种斗争也可以是公民之间或者党派之间的冲突。因此**内战**不是城邦的宿命，而任何的**争执**，任何的不和，却是每个城邦的厄运。因此塔桑把 *stasis* 译成"分歧"是没有道理的：这个柏拉图关于城邦中冲突的概念，正有待于超越。**内战**当然也意指分歧，但是有若干个分歧的形式，其中一个就是**争执**，它是**集市**的最典型的游戏，也是公共竞赛（*agon*）的典型游戏，是公共竞赛构成了集市——因此必须把 *stasis* 译为**内战**。这正是马克思试图思考的东西，不过没有成功，他没有看到问题的象征、美学和色情力比多（冲动）的维度，或许也没有看到政治的意义，没有看到政治经济学之外的东西，或他的**阶级斗争**之外的东西。

---

　　① 汉娜·阿伦特，《现代人的境况》，法译本，保罗·利科译，卡尔曼·勒维出版社，1961年，第29页。
　　② 珀耳塞斯是赫西俄德的弟弟，兄弟二人因分家发生了分歧，法官贪心受贿，偏袒珀耳塞斯，令赫西俄德极为不满。——译注

尽管他在第一阶段批判黑格尔[①]的时候，已经隐约地意识到这个问题。

城邦主要是**多数**的不和（désaccord），这个多数组成了**政治变易**所允诺的**单一**。这种不和甚至构成西方政治的精神和集体个体化的**动力**，这也恰恰是柏拉图意欲解除的东西，但它现在恰恰是渐进的趋势力求达到的目的，而这种渐进趋势导致的后果，就是我通过蚁穴寓意所展示的东西。

作为形而上学的柏拉图主义已经得到确立，并且具体化，它已成为 *Wirklichkeit*，即实在的现实。"蚁穴"是对历时和共时的**分解**所做的寓意，这种分解只有在它们的**组合**中才能实现，只有在紧张的**转导的关系**中才能实现，并且在这一关系中形成了**独特性的张量**，构成《文明及其不满》里所说的"力比多经济学"。通过否认记忆的减退，即否认任何象征交换的技术逻辑维度，柏拉图主义成功地将 *tekhnè* 缩减为一种纯粹的计算，因为这种形而上学的目的在于**控制一切情感**，并且**否认任何解释的权利**，即否认居留在身体中的灵魂那自由而又不确定的独特性。因此对于今天由文化资本主义具体化的柏拉图主义来说，诗人和艺术家都是敌人（不过总是能收买的敌人：金钱即使不是**绝**

[①] 卡尔·马克思，《黑格尔法哲学批判》，法译本，巴拉干译，社会出版社，1975年。他在这本书中揭露了"逻辑的神秘主义"，认为它主要取消了独特性（尤其是第41页）。他写道，在黑格尔的法哲学中，"普遍物到处都显示为某种确定的特殊东西，而单一物则在任何地方都达不到自己的真实的普遍性"（第82页）。

对万能的，也**几乎**是万能的），而劳动者只不过是被禁的奴隶，禁止对他们自己以历时的独特方式进行象征化，西蒙东将此称为其个体化的丧失。

然而，这个象征的贫困，它此时此刻正扩展到无产者之外，因为它在影响包括**我们所有人在内**的消费者；因为它在影响我们的孩子，我们的朋友，我们的父母；因为它在污染我们最私密的生活环境，就如空气正在地球的某些地方毒害着所有居民，不管是富有或是贫穷，不管是有产或是无产，它让环境变得无法居住。这个贫困**尤其令人难以忍受**，因为它是象征的贫困，而不仅仅是"物质的"贫困——似乎那些象征注定要反转为对征。

这就是为什么未来具有如此的威胁性。

因此我一再重复，而且我将不停重复下去：在我与国民阵线选民们的这场对立冲突中，我实际上是在向他们表达我的**友谊**。

图书在版编目（CIP）数据

象征的贫困. 1，超工业时代 /（法）贝尔纳·斯蒂
格勒著；张新木，庞茂森译. —南京：南京大学出版
社，2021.1（2023.5重印）
（当代激进思想家译丛/张一兵主编）
ISBN 978-7-305-23473-6

Ⅰ. ①象… Ⅱ. ①贝…②张…③庞… Ⅲ. ①文化人
类学 Ⅳ. ①C958

中国版本图书馆CIP数据核字（2020）第106598号

De la misère symbolique 1. L'époque hyperindustrielle
De Bernard Stiegler
Copyright © EDITIONS GALILEE 2004

Simplified Chinese translation copyright © 2021 by NJUP
Arranged through Dakai Agency Limited

江苏省版权局著作权合同登记　图字：10-2017-275号

出版发行	南京大学出版社	
社　　址	南京市汉口路22号　邮　编　210093	
出 版 人	金鑫荣	
丛 书 名	当代激进思想家译丛	
书　　名	象征的贫困1：超工业时代	
著　　者	[法] 贝尔纳·斯蒂格勒	
译　　者	张新木　庞茂森	
责任编辑	巫闽花	
照　　排	南京紫藤制版印务中心	
印　　刷	南京爱德印刷有限公司	
开　　本	635mm×965mm　1/16　印张11　字数112千	
版　　次	2021年1月第1版　2023年5月第3次印刷	
ISBN	978-7-305-23473-6	
定　　价	45.00元	

网址：http://www.njupco.com
官方微博：http://weibo.com/njupco
官方微信号：njupress
销售咨询热线：(025)83594756

* 版权所有，侵权必究
* 凡购买南大版图书，如有印装质量问题，请与所购
　图书销售部门联系调换